U0513043

中国古代文史经典读本

《孟子》选评

徐洪兴 撰

上海古籍出版社

中国古代文史经典读本

编　委（以姓氏笔画为序）

王水照　王运熙　王兴康　王维堤　史良昭

吕　健　孙　逊　朱怀春　李国章　张晓敏

张善文　赵昌平　袁行霈　钱伯城　徐洪兴

高克勤　郭豫适　曹　旭　曹明纲　葛晓音

傅璇琮

出版说明

上海古籍出版社近六十年来形成了出版普及读物的优良传统。上一世纪，本社及其前身中华书局上海编辑所策划、并历时三十余年陆续出版的《中国古典文学作品选读》与《中国古典文学基本知识》两套各八十种，在当时曾影响深远。不少品种印数达数十万甚至逾百万。不仅今天五六十岁的古典文学研究者回忆起他们的初学历程，会深情地称之为"温馨的乳汁"；而且更多的其他行业的人们在涵养气度上，也得其熏陶。然而，人文科学的知识在发展更新，而一个时代又有一个时代的符号系统与表达、接受习惯，因此本世纪初，我社又为读者奉献了一套"文史哲经典读本"，是为先前两套丛书在新世纪的继承与更新。

"文史哲经典读本"集结了普及读物出版多方面的经验：名家撰作，深入浅出，知识性与可读性并重，固然是其基本特点；而文化传统与现代特色的结合，更是她新的关注。吸纳学界半个世纪以来新的研究成果，从中获得适应新时代读者欣赏习惯的浅切化与社会化的表达；反俗为雅，于易读易懂之中透现出一种高雅的情韵，是其标格所在。

"文史哲经典读本"在结构形式上又集前述两套丛书之长，或将作者与作品（或原著介绍与选篇解析）乳水交融地结合为一体，或按现在的知识框架与阅读习惯进行章节分类，也有的循原书结构撷取相应内容并作诠解，从而使全局与局部相映相辉，高屋建瓴与积沙成塔相互统一。

　　"文史哲经典读本"更是前述两套丛书的拓展与简约。其范围涵盖文学经典、历史经典与哲学经典；而在品种上，适应新时代知识浓缩的特点，又简约为文学三十种、历史十种、哲学十种，计五十种。既希望用最省净的篇幅，抉示中华文化的本质精神；又通过三部可分可合的组织形式，以适应广大读者的不同需要。

　　该套丛书问世近十年，已在读者中享有良好的口碑。为了延伸其影响，本社特于其中选取文学十种，历史五种，请相关作者作了修订或增补，重新排版装帧，图文并茂、印制精美，名之为"中国古代文史经典读本"，以飨读者。

上海古籍出版社

2011年6月

目　录

导　言

任何一个具有悠久文化传统的民族，都有各自的经典体系。通过这些经典体系，我们就有可能了解这些民族的过去。如通过《奥义书》和《吠陀》去了解古印度民族，通过《荷马史诗》、《理想国》、《形而上学》去了解古希腊民族，通过《圣经》去了解古希伯莱民族及后来的基督徒，通过《古兰经》去了解阿拉伯民族。同样，通过我国先秦的经典，可以去了解中华民族悠久的文化传统。

但是，经典作为一个民族原创性精神体现的文本，其意义并不仅限于了解过去。借用接受美学的观点，经典具有广阔的不确定域。由于时代背景的不同，人们知识结构的不同，所需解决问题的不同，经典的意义不断地被历代阅读者所发掘、重建和阐扬。这一点，无论中西，概莫能外。

今天，人类已经进入了二十一世纪，历史上流传下来的那些经典是否还有意义？答案无疑是肯定的。世界近现代的历史已经昭示，无论西方还是东方，历史传统的反思与当下意识的追寻，是一个民族建设现代文化不可或缺的两个支点。就前者言，人们总是通过对其前人所创造的价值观念、行为准则、思想理论和知识系统的理解和解释，建立起自己与文化传统的意义联系；同时又在理解和解释中，使文化传统获得进入现时代的途径和继续发展的契机。所谓的途径和契机，并不意味着完全照搬照抄，而是提供借鉴，展现理据，启示方向。因此，从这个意义上讲，经典总是常读常新的。

那么，就让我们来读读作为中国传统经典之一的《孟子》吧。

在旧时的中国，孟子几乎是个家喻户晓的人物，这里我们先来讲讲孟子这个人。司马迁写《史记》，为孟子作了篇小传，共一百三十七字，原文如下：

> 孟轲，驺人也。受业子思之门人。道既通，游事齐宣王，宣王不能用。适梁，梁惠王不果所言，则见以为迂远而阔于事情。当是之时，秦用商君，富国强兵；楚、魏用吴起，战胜弱敌；齐威王、宣王用孙子、田忌之徒，而诸侯东面朝齐。天下方务于合从连横，以攻伐为贤，而孟轲乃述唐、虞、三代之德，是以所如者不合。退而与万章之徒序《诗》《书》，述仲尼之意，作《孟子》七篇。

司马迁的介绍过于简洁了点，我根据历代学者的研究稍加展开一下。

孟子名轲，生活在动荡纷乱的战国时代，邹(今山东邹县)人。他的生卒之年，历来有多种说法。仅其生年之说就有九种之多，然后又因各种推算不同、及对他寿数的说法不同，可衍生出更多关于卒年之说。这里仅取一种相对通行的说法，即孟子生于约公元前372年，卒于约公元前289年。

古人除名之外还有字。孟子的字，《孟子》书中未提，司马迁在《史记》中也无记载，东汉赵岐在注解《孟子》时就更不清楚了，只能说孟子"名轲，字则未闻也"(《孟子题辞》)。但从魏晋开始，突然冒出孟子字"子车"、"子舆"或"子居"等好几种说法，尽管煞有介事，但证据却绝无，恐怕不足凭信。

相传孟子的远祖是鲁国贵族孟孙氏，后来家道衰微，从鲁国迁居邹国。孟子幼年丧父，与寡母相依为命。世传孟母"迁地教子"、"断机训子"、"烹豚存教"等故事，虽不一定可靠，却也成为流传千古的美谈。

孟子的师承关系不大清楚。司马迁说他"受业于子思之门人"，但"子思门人"是哪位？缺乏进一步说明。从中唐韩愈开始，不少儒者都说孟子的老师是子思，子思的老师是曾参，此说后来流传甚广，但也无确切证据，所以也有学者并不认可。孟子自己曾说过："予未得为孔子之徒，予私淑诸人也。"（《离娄下》）这里所"私淑"者是谁？不知道，大概是"子思之门人"吧？而所谓"私淑"，按一般的理解，是指敬仰某人学问但未能登堂入室为其弟子的说法。因此，孟子直接的老师是谁，无法断定。

但有两点似无可怀疑：其一，孟子一生服膺儒学的创始人孔子，认为"自生民以来，未有盛于孔子也"（《公孙丑上》）；并以一生学习孔子为志愿，说"乃所愿，则学孔子也"（同上）。其二，孟子确与战国儒学中子思一派关系颇深。《孟子》书中多次引述子思的言论，也多次引述传为子思老师曾子的言论，可说除孔子外，《孟子》书中引先儒之言以子思、曾子居多；且《孟子》书中有些思想也确与传为子思所作的《中庸》有关，如论"诚"等。与孟子生活时间相近的荀子，在其论衡诸家之学时，明确把子思与孟子作为一派并提，所谓"子思唱之，孟轲和之"（《荀子·非十二子》），荀子是战国儒家的殿军，应对思孟间的关联比较清楚。所以说孟子是子思思想的传人，虽不中，不远矣。

孟子的生平经历，与其崇敬的孔子有颇多相似之处，这主要表现在：

一、与孔子一样，他也长期开门授徒，即使在游历诸国时，学生们还是伴随左右。孟子说过："君子有三乐，而王天下不与存焉。父母俱存，兄弟无故，一乐也；仰不愧于天，俯不怍于人，二乐也；得天下英才而教育之，三乐也。君子有三乐，而王天下不与存焉！"（《尽心上》）孟子强调从事教育的快乐，并把教育看得比王天下还要有价值，可见他确实在教学活动中获得过很大慰藉。由于长期从事教育，孟子的学生尽管没有孔子"弟子三千，贤人七十"那么多，但可以想见也一定不少。如他在游历齐国时，已经是"后车数十乘，从者数百人"（《滕文公下》），这所"从"的"数百人"，都是他的学生。只是由于没有类似司马迁为孔子学生专作的《仲尼弟子列传》这种比较可信的资料，所以我们对孟子学生的情况了解不多。现在能确定的也仅有十几人，他们都见诸《孟子》书中。

二、与孔子一样，孟子也有强烈的从政愿望，希望把自己的政治理想付诸实践。因此中年开始，他也周游列国，从事政治活动，前后达二十多年。关于孟子的游历，向来说法不同，学者的考证更不少，然言人人殊，莫衷一是。这里就笼统叙述一下：孟子是四十来岁开始其政治游历的，曾到过齐、宋、薛、鲁、滕、梁(魏)等国，其间还曾返回邹国。孟子在各国的时间有长有短，有的仅是路过，有的去过数次，旅居时间也较长。其中，去过次数最多、旅居时间最长的是齐国。至于孟子游历诸国时所提的政治主张，基本上是一以贯之的，那就是主张"王道"、反对"霸道"，反复申论"仁政"的重要性、必要性和可行性。孟子要比孔子来得幸运，当时普遍流行"礼贤下士"之风，因此他颇受各国君主优礼。在游说时，孟子常慷慨陈词，咄咄逼人，摆出一付"说大人则藐之"的架式，经常弄得那些国君狼狈不堪，只能"顾左右而言他"。但当时的君主都是一些讲究实际功利的人，他们崇尚的是霸道，大国热衷于攻伐兼并，小国则关心在夹缝中搞平衡、求生存。因此，孟子那些陈意甚高的政治理想，在这些国君眼里就不能不"见以为迂远而阔于事情"，结果也只能和孔子一样到处碰壁。

三、与孔子一样，孟子晚年也退居故里，以讲学终老。经过多年"仆仆于道路"的东奔西走、四面碰壁后，孟子最终明白了，那些诸侯们虽然在"重士"的风气下对自己很客气，但却从来没有认真对待过自己的政治主张，他的"王道"、"仁政"理想是难以实现了。到了这种境地，他又一次以孔子为榜样，放弃从政愿望，也放弃了齐宣王开出的优厚待遇，回到家乡，与弟子们一起讲学论道，著书立说，希望通过这种形式，把自己的思想传诸后世。于是，也就有了我们今天还能读到的《孟子》。

下面讲讲《孟子》这部书，它可说是旧时读书人自幼起就必读的书。

有关《孟子》的作者、篇数，历史上也有不同意见。关于作者，按司马迁的说法，主要是由孟子自著，而其弟子万章、公孙丑等参与其事；按赵岐、朱熹、焦循等的观点，认为是孟子自著；而韩愈、苏辙、晁公武等的意见，则认为是弟子万章、公孙丑之徒的追记。就目前学术界的看法，较多是采取司马迁的说法。至于篇数，司马迁说"作《孟子》七篇"，可《汉书·艺文志》却著录"《孟子》十一篇"。《孟子章句》的作者赵岐，分《孟子》为"内书"七篇，"外书"四篇，并提出：《性善辨》、《文说》、《孝经》、《为政》四篇"外书"，"文不能宏深，不与内篇相似，似非《孟子》本真，后世依放而托也。"所以他不予作注。以后这四篇《外书》亡佚了。今存的《外书》，学界公认是明代人的伪作。今本《孟子》共七篇，篇目依次是：梁惠王、公孙丑、滕文公、离娄、万章、告子、尽心。每篇各分上下，共261章(有本分为260章)。篇名取自每篇首章中的几个字，没有什么特定的含义。

至于孟子其人其书的地位演变，那有一个颇为漫长的历史过程：

秦汉以降至两宋以前，孟子地位一直不高。其人只被视为一般的儒家学者，其书只能归入"子部"一类。在官私文献中，多是"周孔"或"孔颜"并提，鲜见有"孔孟"合称的。当时还有人批评孟子，最典型的是东汉王充，他在《论衡》中专立了《刺孟》一篇，列举了八个方面加以批评。到唐初，争论国子学当祭"周孔"还是"孔颜"时，唐太宗时增加从左丘明到范宁二十二位儒者从祀孔庙时，唐玄宗封颜渊为"亚圣"和"兖国公"、封"孔门十哲"和"七十子"为侯伯时，都只字未提孟子。而当时科举考试的"明经"科目中也没有《孟子》。但从中唐起，情况渐渐发生了变化。孟子其名被厕于孔子之后，成为仅次于孔子的"贤人"；其人被政府封了爵号，从祀孔庙；其书被增入儒经之列，悬为科举功令，不久又超越"五经"而跻身"四书"，变成中国士人必读的官方教科书。这个变化过程，就是历史上的"孟子升格运动"。到宋宁宗嘉定五年(1212)，国子司业刘爚奏准将朱熹的《论语孟子集注》作为官方之学。差不多同时，目录学家陈振孙撰《直斋书录解题》，正式从目录学上把《孟子》由"子部"升格至"经部"，成为传世"十三经"的最后一部儒家经典。到元朝至顺元年(1330)元文宗加封孟子为"亚圣公"，这成为整个孟子升格运动的句号。(有关这个过程的具体情况，可参看拙作《唐宋间的孟子升格运动》，《中国社会科学》1993年第5期。)

唐宋间的这场孟子升格运动,从本质上看,是适应当时中国统治思想转型的需要而产生的,是中国中古时代思想整合的一个组成部分。唐宋间思想家之所以这么重视孟子其人其书,是因为孟子的思想中有他们需要的内容,即孟子思想本身所具有的特点,与当时思想家们普遍关注的时代课题密切相关。这些特点包括了道统论、辟异端、谈心性、辨王霸诸方面,此不具论。

当然,孟子升格也不是一帆风顺的,其间出现过不少逆向的言行,即删孟、议孟、疑孟、辩孟、黜孟乃至诋孟的思想倾向。但因不合时代潮流,所以没能产生真正的效果。倒是后来明太祖朱元璋曾掀起过一点反孟的小浪。作为绝对专制独裁的君主,朱元璋对孟子"民贵君轻"的思想很反感。开始他想罢去孟子在孔庙配享的资格,后在大臣冒死进谏下只能作罢,但却下令删除《孟子》书中"激进"的话共八十五条,出版了一本名为《孟子节文》的书,规定科举考试不能出现已被删掉的文字。尽管如此,权倾一时的皇帝也不能改变已深入人心的文化传统。所以,"怪胎"式的《孟子节文》并没有流传开来。

作为儒家学派重要经典之一的《孟子》,其中包含的思想内容十分丰富,因此历来受到重视,研究者代不乏人,两宋以后尤多专家。这里仅介绍四部最有影响的《孟子》注释作品:一、东汉赵岐的《孟子章句》;二、南宋朱熹的《孟子集注》;三、清代焦循的《孟子正义》;四、今人杨伯峻的《孟子译注》。读者如想深入了解《孟子》,这四本书还是要认真看的。

顺便也提一笔,《孟子》文章流畅犀利、气势磅礴,与恢恑憰怪、汪洋恣肆的《庄子》,被公认为先秦散文之双璧,对后世影响极大,从西汉司马迁到唐宋八大家,都从《孟子》中汲取过养分。其次,孟子"好辩",尽管他自云"不得已",但无论从逻辑推论、语言技巧、判断能力、应变策略诸方面来看,他都称得上是个雄辩家。所以,也建议热爱古典文学的人、对辩论感兴趣的人,不妨多读读《孟子》。

本书将《孟子》原文经选择后重新分类编排,成五篇十五节,分别介绍孟子关于心性、伦理、学问、人格、政治五个方面的思想主张，注释力求简明，一般不引书证，凡遇异说，择善而从。

古人有云，"选家最难"，因为牵涉到选什么、如何选及选多少等一系列问题。因此可以肯定的是，本书的选文、分类和结构，难免会造成对《孟子》全书内容的机械划分乃至阉割，不无"虽欲启学，实芜正典"之嫌，这里谨向孟子和读者致歉。至于选文前的"解题"性文字与选文后的"讲评"性文字，除了对选文的略解和一些中国传统思想文化基础知识的介绍外，还有不少是结合现实的随感，一得之言，姑妄读之可矣。如果它们或能激发读者诸君的些许思考，对我而言就已经很满足了。

最后我要感谢古籍出版社邀我来做这一题目。我虽曾做过《孟子》全书的解读（《孟子直解》，复旦大学出版社2004年1月版），但因题材样式、行文风格、读者对象等的不同，要做这么一个"选评"也非一蹴而就，再加教研紧张、琐务不断等原因，稿子一拖再拖。幸亏吕健先生既耐心而又坚持不懈的关心和催稿，博士研究生马颢同学又协助我完成了不少前期工作，否则交稿的时间可能会延宕更久。因此，这里也应该向他们两位致以诚挚的谢意。

一、心性篇——天生我材

本章标题"天生我材"，语出李白《将进酒》"天生我材必有用"，诗人在失意之余仍不忘洒脱，真也浪漫得可爱，不愧为诗中之"仙"。这里我就借这四个字来谈孟子的人性论。

孟子的人性论——一言以蔽之——人性本善。他曾以齐都临淄城南牛山来喻人性：牛山的树木原来很茂盛，因它地处大国都城之郊，人们常用斧子去砍伐，还能茂盛么？虽日夜生息，雨露滋润，但新枝嫩芽一生出来，又被牧放着的牛羊吃掉，所以才变得这样光秃秃的牛山，就说它不曾有过好树木，难道这是牛山的本性？所以，人性原本是善的，只是后天环境使人变坏了。

可以讲，"性善"是孟子所有立论的基点，没有这一点，接下去的都无法说了。孟子充满信心地告诉我们人性本善的道理，企图唤醒人的良知，要人们从利欲熏心的状态中走出来，好好地反省一下：自己是不是真诚？是不是快乐？

宋以后的蒙童要读《三字经》。《三字经》劈头就是"人之初，性本善"，这正是孟子的意思，第二句才是孔子的"性相近，习相远"。看来，孟子的影响似乎比孔子还大了。那个编《三字经》的人，真可算是孟子的"功臣"！

无论如何，这"天生我材"的"善性"总是好的，因为它孕育着生机与希望，虽也有庄子一句"材不材"的调侃，却无法遮盖孟子那闳大的慈悲心怀。佛家有云"有情来下种，因地果还生"，又说"一阐提人，皆得

1

成佛"（"一阐提人"是断绝善根之人），这因果与佛根又何尝不是孟子的心事？所以，不尽是英雄，哲人所见也略同。

本篇分为以下三节：

第一节"赤子之心"，语出《离娄下》。赤子者，婴儿也。刚生下的小孩，皮肤是粉红色的，所以叫赤子。"大人者，不失其赤子之心"，我以为这是理解孟子其人其书的要领之一。孩子要长大，童年而少年而青年而壮年——"既壮周旋杂痴黠，童心来复梦中身"。龚自珍用诗呼唤"童心"，为什么？因为孩童的天真可爱！人总要长大的，怕就怕人长大了，心也跟着变坏了，天生的好东西越来越少，后天的坏东西越来越多，像茅草一样充塞胸中，成了茅坑。一个好娃就这么被糟蹋了！所以，要向往，要呼唤，要"救救孩子"！当然，这个大人的"赤子之心"只是比方，并非真的让大人们都回去吃奶。禅家有三境："见山是山，见水是水；见山不是山，见水不是水；见山还是山，见水还是水。"这个很妙！"不失赤子之心"当是第三境，只是此"山"此"水"已非那"山"那"水"。难则难矣，但是它美。无论古典、今典，只要是美好的，就能叫人心动，让人着迷。庄子很老了，还做梦化作翩翩起舞的蝴蝶——"庄生晓梦迷蝴蝶"。人活着是要有那么点精神，没有精神不就成了行尸走肉？因此孟子说"大人者，不失其赤子之心"，他自己做到没有？读完《孟子》，你大概会明白。

第二节"反身而诚"，语出《尽心上》："反身而诚，乐莫大焉；强恕而行，求仁莫近焉。"反躬自问而觉真实无妄，快乐没有比这更大的了；照着推己及人的恕道努力去做，求仁的道路没有比这更近的了。不禁想到"狂人"尼采的快乐配方——"一份是，一份否，一条直线，一个目标"，你看到他的认真了么？这就是主题。没有主题的生活是可怕的，因为不会幸福；一个人即使贫穷也能幸福，因为还有良心。许多人不一定认可，但孟子却是那么想的。

第三节"事天立命"，语出《尽心上》。《中庸》开首即说"天命之谓性"，天既能生，那天命就不全是空想，那里还有实在。在孟子，是自觉将心性与天命打成一片，"尽其心者，知其性也，知其性，则知天矣"，因而感到心性的充实和人格的光辉。不但知天，还要"事天立命"，事就是对得起，立就是正。"存其心，养其性，所以事天也，殀寿不贰，修身以俟之，所以立命也。"你看这"俟"字用得多好，一点也不惶恐，因为"仰不愧于天，俯不怍于人"，凡事凭良心，就对得起老天了。"天人之际"，在孟子看来是简单的。

1. 赤子之心

本节第一段选自《孟子》书中篇幅最长的"齐桓晋文之事"章,此章涉及孟子思想的许多方面,如"保民而王"、"不忍"、"不为与不能"、"推恩"、"恒产与恒心"、"制民之产"、"仁政"措施等等,选文只谈"不忍"。孟子认为只要国君心存不忍就能保民,于是从齐宣王不忍心杀牛这件事下手,对他进行开导。末了但称宣王的行为心理是"仁术",言下之意,虽然"无伤",却也够不上什么仁道:对禽兽尚且"见其生不忍见其死,闻其声不忍食其肉",那老百姓呢?非要也在大王面前吓得发抖才会于心不忍么?古代国君又称"人牧",老百姓仿佛牛羊,孟子一语双关,确实厉害。

第二段说"人皆有不忍人之心"。孟子提出"四端"说,"不忍人之心"是"四端"之首、代表"仁之端"的"恻隐之心"。这里都是说"心"。在中国古代哲学里,"心"是一个极其重要的东西,既是人们思维的器官,又指道德上的善性,在孟子,则统以"良心"或"本心"名之。孟子认为人性本善,理由是人人具有"四端",就像人有四肢一样,是与生俱来的。"性善"说开了儒家心性论的先河,后人对此颇多论述,有赞成也有反对,但没有人能完全不理会孟子之说。

第三段说孟子和滕世子谈人性本善,开口不离尧舜。世子懵懂,所以再次登门求教。孟子告诉他真理只有一个,不论圣贤还是众人,本性都是一样的,圣贤能够做到的,普通人经过努力也能做到,除此之外别无他理。因此滕国虽小,只要世子能以圣贤为榜样,还是可以把国家治好的。我们知道,孟子主张人性本善,并将它作为"王道仁政"的哲学基础,而《孟子》书中明确提到"性善",就始于此章。朱熹《集注》云:"孟子之言性善,始见于此,而详具于《告子》之篇。然默识而旁通之,则七篇之中,无非此理。"章末引《尚书》的那句话很有意思,说如果药不能让人吃得头昏眼花,病就不会好。可见孟子所以"言必称尧舜",原因就在于此，不幸言者谆谆，听者藐藐，滕世子已经很不错了。

第四段说"赤子之心"，大旨见篇首说明。

第五段说"人之所以异于禽兽者几希"。在孟子看来，人和动物就差那么一点，什么呢？一点良心。圣贤、常人、小人之分，就看他天良所剩几何。

第六段说无论人性物性，顺其自然之理就能推出其本来面目，能做到这一点的是真聪明，否则不过是穿凿附会的小聪明罢了。朱熹《集注》云："事物之理，莫非自然，顺而循之，则为大智；若用小智而凿以自私，则害于性而反为不智。"

第七段到第十段，是孟子和告子关于人性的辩论：

告子用杞柳与桮棬的关系来喻人性与仁义，认为人性是原材料，仁义是加工品。孟子认为他比喻不当，提出在把杞柳加工成桮棬时，究竟是顺着杞柳的本性，还是要伤害杞柳的本性？如果是后者，那就与他"仁义礼智根于心"（《尽心上》）的主张根本相反，所以毫不留情地批评告子是"率天下之人而祸仁义"。

告子把人性比作急流，不分东西，哪里有口子就往哪里流，性无所谓善恶，就像水无所谓东西。但他没想到孟子会用"水往低处流"的道理来反驳，孟子认为只有在外力的影响下人才会变坏，但这种改变却不是人的本性使然。

告子说"生之谓性"，"性"就是天生如此，孟子就用"白之谓白"来比"生之谓性"，然后又以"白羽"、"白雪"、"白玉"之"白"问告子是否相同，告子忘了三者间既有共性又有殊性，竟贸然同意，落入孟子的圈套。

孟子批评告子"义外"说。孟、告二子对"义"的理解并不相同。在告子，则事物性质如此而我的认识也如此，那就是"义"，如"彼长而我长之"、"彼白而我白之"，是事实判断，所以是外在的。而孟子理解的"义"是价值判断，所以是内在的。本来两人是各说各的，惟孟子善辩，把话题引向纯讲价值判断而不谈事实判断。告子不明就里地跟着去讲，于是就很被动了。孟子和告子的直接辩论，到此为止。

第十一段继续说"义内"。朱熹《集注》引范氏语云："二章问答，大旨略同，皆反复譬喻以晓当世，使明仁义之在内，而皆可以为尧舜矣。"

第十二段说"其情"。"其情"者"其实"也，"性善"论其实简单，不过强调人人都有为善的资质，至于"为不善"，那是忘本的表现，是变坏，"非才之罪也"。由恻隐、羞恶、恭敬、是非"四端"之心，自然生出"仁义礼智"这些道理，不是后天从外面加到人身上去的。

第十三段继续证明性善论。孟子所用的逻辑是"同类相似"，如从人的脚形相似推出鞋的形状也相似；人的味觉、听觉、视觉相似而推出人心的"同然"。而"圣人与我同类"，不过是"先得我心之所同然"，这个"同然"就是理义，人同此心，心同此理，所以性善。孟子的论证，具有很强的精神感召力，往往能引起人们的共鸣，如朱熹在少年时代，读到"圣人与我同类"之语而倍感振奋，"喜不可言"(王懋竑《朱子年谱》卷一上)。

第十四段说良心。"良心"二字在《孟子》书中尽管就出现了这么一次，但却是中国历史上的首出，对后世影响极大。孟子所谓的良心就是仁义之心。人人都有良心，但它只是一个"端"，即萌芽而已。良心好比"牛山之木"，老用斧子去砍伐，又有牛羊去不断吃掉新生嫩芽，便草木不生了。又，此章提到的"存夜气"工夫，颇值得重视。

第十五段说由良知良能而来的仁义是通行天下的。

第十六段说本分。惟君子能守本分，本分就是"仁义礼智根于心"。

第十七段说践形。践形者，体现天性也。朱熹《集注》云："人之有形有色，无不各有自然之理，所谓天性也。践，如践言之践。盖众人有是形而不能尽其理，故无以践其形；惟圣人有是形而又能尽其理，然后可以践其形而无歉也。"

（齐宣王）曰：“若寡人者，可以保民乎哉？”

（孟子）曰：“可。”

曰：“何由知吾可也？”

曰：“臣闻之胡龁曰①，王坐于堂上，有牵牛而过堂下者，王见之，曰：‘牛何之？’对曰：‘将以衅钟②。’王曰：‘舍之！吾不忍其觳觫③，若无罪而就死地。’对曰：‘然则废衅钟与？’曰：‘何可废也？以羊易之。’不识有诸？”

曰：“有之。”

曰：“是心足以王矣。百姓皆以王为爱也，臣固知王之不忍也。”

王曰：“然！诚有百姓者，齐国虽褊小，吾何爱一牛？即不忍其觳觫，若无罪而就死地，故以羊易之也。”

曰：“王无异于百姓之以王为爱也。以小易大，彼恶知之？王若隐其无罪而就死地④，则牛羊何择焉？”

王笑曰：“是诚何心哉？我非爱其财而易之以羊也，宜乎百姓之谓我爱也。”

曰：“无伤也，是乃仁术也，见牛未见羊也。君子之于禽兽也，见其生，不忍见其死；闻其声，不忍食其肉。是以君子远庖厨也。”

——《梁惠王上》

① 胡龁：齐王近臣。
② 衅钟：古代新钟铸成，要杀牲口血祭，将畜血涂于钟的缝隙。
③ 觳觫：吓得发抖。
④ 隐：怜悯。

孟子曰：“人皆有不忍人之心。先王有不忍人之心，斯有不忍人之政矣。以不忍人之心，行不忍人之政，治天下可运之掌上。所以谓人皆有不忍人之心者，今人乍见孺子将入于井，皆有怵惕恻隐之心①。非所以内交于孺子之父母也②，非所以要誉于乡党朋友也③，非恶其声而然也。由是观之，无恻隐之心，非人也；无羞恶之心，非人也；无辞让之心，非人也；无是非之心，非人也。恻隐之心，仁之端也④；羞恶之心，义之端也；辞让之心，礼之端也；是非之心，智之端也。人之有是四端也，犹其有四体也⑤。有是四端而自谓不能者，自贼者也；谓其君不能者，贼其君者也。凡有四端于我者，知皆扩而充之矣，若火之始然⑥，泉之始达⑦。苟能充之，足以保四海；苟不充之，不足以事父母。"

——《公孙丑上》

---

① 怵惕恻隐：恐惧怜悯。
② 内交：结交，内通纳。
③ 要誉：求名。乡党：乡里。
④ 端：发端。
⑤ 四体：四肢。
⑥ 然：燃。
⑦ 达：流出。

滕文公为世子①，将之楚，过宋而见孟子。孟子道性善，言必称尧舜。

世子自楚反，复见孟子。孟子曰："世子疑吾言乎？夫道一而已矣。成覸谓齐景公曰②：'彼丈夫也，我丈夫也，吾何畏彼哉？'颜渊曰：'舜何人也，予何人也，有为者亦若是。'公明仪曰③：'文王我师也；周公岂欺我哉？'今滕，绝长补短④，将五十里也，犹可以为善国。《书》曰⑤：'若药不瞑眩，厥疾不瘳⑥。'"

——《滕文公上》

---

① 世子：太子。
② 成覸：齐国勇臣。
③ 公明仪：曾子弟子。
④ 绝长补短：截长补短，用来计算土地面积。

⑤ 《书》:《尚书》逸篇。

⑥ 瞑眩:头晕目眩。瘳:痊愈。

孟子曰:"大人者①,不失其赤子之心者也。"

——《离娄下》

① 大人:有德之人,孟子说"充实而有光辉之谓大"。

孟子曰:"人之所以异于禽兽者几希,庶民去之,君子存之。舜明于庶物①,察于人伦②,由仁义行,非行仁义也。"

——《离娄下》

① 庶物:众物。

② 人伦:做人之道。

孟子曰:"天下之言性也①,则故而已矣。故者以利为本②。所恶于智者,为其凿也。如智者若禹之行水也,则无恶于智者矣。禹之行水也,行其所无事也。如智者亦行其所无事,则智亦大矣。天之高也,星辰之远也,苟求其故,千岁之日至③,可坐而致也。"

——《离娄下》

① 性:兼指人性和物性。

② 故:本原。利:顺。

③ 日至:当指冬至。

告子曰:"性,犹杞柳也①。义,犹桮棬也②。以人性为仁义,犹杯以杞柳为桮棬。"

孟子曰:"子能顺杞柳之性而以为桮棬乎?将戕贼杞柳而后以

9

为桮桊也? 如将戕贼杞柳而以为桮桊, 则亦将戕贼人以为仁义与? 率天下之人而祸仁义者, 必子之言夫!"

——《告子上》

---

① 杞柳: 木名, 枝条韧, 能编物。
② 桮桊: 桮通杯; 桮桊, 杯盘类木器。

告子曰: "性犹湍水也①, 决诸东方则东流, 决诸西方则西流。人性之无分于善不善也, 犹水之无分于东西也。"

孟子曰: "水信无分于东西, 无分于上下乎? 人性之善也, 犹水之就下也。人无有不善, 水无有不下。今夫水, 搏而跃之, 可使过颡②; 激而行之③, 可使在山。是岂水之性哉? 其势则然也。人之可使为不善, 其性亦犹是也。"

——《告子上》

---

① 湍水: 急流。
② 搏: 击。颡: 额头。
③ 激: 阻遏。

告子曰: "生之谓性。"

孟子曰: "生之谓性也, 犹白之谓白与?"

曰: "然。"

"白羽之白也犹白雪之白, 白雪之白犹白玉之白与?"

曰: "然。"

"然则犬之性犹牛之性, 牛之性犹人之性与?"

——《告子上》

告子曰: "食色, 性也。仁, 内也, 非外也; 义, 外也, 非内也。"

孟子曰: "何以谓仁内义外也?"

曰: "彼长而我长之①, 非有长于我也; 犹彼白而我白之, 从其白于外也，故谓之外也。"

曰："异于白马之白也，无以异于白人之白也。不识长马之长也，无以异于长人之长与？且谓长者义乎？长之者义乎？"

曰："吾弟则爱之，秦人之弟则不爱也，是以我为悦者也，故谓之内。长楚人之长，亦长吾之长，是以长为悦者也，故谓之外也。"

曰："耆秦人之炙②，无以异于耆吾炙，夫物则亦有然者也。然则耆炙亦有外与？"

——《告子上》

---

① 长（前）：年长。长（后）：尊敬。
② 耆：通嗜。炙：烤肉。

孟季子问公都子曰："何以谓义内也？"

曰："行吾敬，故谓之内也。"

"乡人长于伯兄一岁，则谁敬？"

曰："敬兄。"

"酌则谁先？"

曰："先酌乡人。"

"所敬在此，所长在彼，果在外，非由内也。"公都子不能答，以告孟子。

孟子曰："'敬叔父乎？敬弟乎？'彼将曰：'敬叔父。'曰：'弟为尸①，则谁敬？'彼将曰：'敬弟。'子曰：'恶在其敬叔父也？'彼将曰：'在位故也。'子亦曰：'在位故也。庸敬在兄②，斯须之敬在乡人。'"

季子闻之，曰："敬叔父则敬，敬弟则敬，果在外，非由内也。"

公都子曰："冬日则饮汤③，夏日则饮水，然则饮食亦在外也？"

——《告子上》

---

① 尸：古时代表死者受祭的小辈叫尸。

② 庸: 平常。
③ 汤: 热水。

公都子曰:"告子曰:'性无善无不善也。'或曰:'性可以为善,可以为不善;是故文、武兴则民好善,幽、厉兴则民好暴。'或曰:'有性善,有性不善;是故以尧为君而有象;以瞽瞍为父而有舜;以纣为兄之子,且以为君,而有微子启、王子比干。'今日'性善',然则彼皆非与?"

孟子曰:"乃若其情①,则可以为善矣,乃所谓善也。若夫为不善,非才之罪也②。恻隐之心,人皆有之;羞恶之心,人皆有之;恭敬之心,人皆有之;是非之心,人皆有之。恻隐之心,仁也;羞恶之心,义也;恭敬之心,礼也;是非之心,智也。仁义礼智,非由外铄我也③,我固有之也,弗思耳矣。故曰:'求则得之,舍则失之。'或相倍蓰而无算者④,不能尽其才者也。《诗》曰:'天生蒸民,有物有则。民之秉彝,好是懿德⑤。'孔子曰:'为此诗者,其知道乎! 故有物必有则,民之秉彝也,故好是懿德。'"

——《告子上》

---

① 情: 实,天性。
② 才: 草木之初,指天性。
③ 铄: 熔化。
④ 蓰: 五倍。无算: 无数倍。
⑤ 《诗》:《诗经·大雅·烝民》。蒸: 众。物: 事。则: 法。秉: 执。彝: 常。懿:
   美。

孟子曰:"富岁子弟多赖①,凶岁子弟多暴,非天之降才尔殊也,其所以陷溺其心者然也。今夫麰麦②,播种而耰之③,其地同,树之时又同,浡然而生,至于日至之时④,皆熟矣。虽有不同,则地有肥硗⑤、雨露之养、人事之不齐也。故凡同类者,举相似也,何独至于人而疑之？圣人与我同类者。故龙子曰：'不知足而为屦，我知其不为蒉也⑥。'屦之相似，天下之足同也。口之于味，有同耆也，易牙先得我口之所耆者也⑦。如使口之于味也，其性与人殊⑧，若犬马之与我不同类也，则天下何耆皆从易牙之于味也？至于味，天下期于易牙，是天下之口相似也。惟耳亦然，至于声，天下期于师旷，是天下之耳相似也。惟目亦然，至于子都⑨，天下莫不知其姣也。不知子都之姣者，无目者也。故曰：口之于味也，有同耆焉；耳之于声也，有同听焉；目之于色也，有同美焉。至于心，独无所同然乎？心之所同然者何也？谓理也，义也。圣人先得我心之所同然耳。故理义之悦我心，犹刍豢之悦我口⑩。"

——《告子上》

① 赖：懒。
② 麰麦：大麦。
③ 穮：用穮松土。
④ 日至：指夏至。
⑤ 硗：瘠薄。
⑥ 屦：草鞋。蒉：草筐。
⑦ 易牙：又名雍巫，齐桓公宠臣，擅长烹调。
⑧ 与人殊：人与人殊。
⑨ 子都：古代美男子。
⑩ 刍：食草的叫刍，如牛羊。豢：食谷的叫豢，如猪狗。

孟子曰："牛山之木尝美矣①，以其郊于大国也，斧斤伐之，可以为美乎？是其日夜之所息，雨露之所润，非无萌蘖之生焉②，牛羊又从而牧之，是以若彼濯濯也③。人见其濯濯也，以为未尝有材焉，此岂山之性也哉？虽存乎人者，岂无仁义之心哉？其所以放其良心者，亦斧斤之于木也，旦旦而伐之，可以为美乎？其日夜之所息，平旦之气，其好恶与人相近也者几希，则其旦昼之所为，有梏亡之矣④。梏之反复，则其夜气不足以存；夜气不足以存，则其违禽兽不远矣。人见其禽兽也,而以为未尝有才焉者,是岂人之情也哉?故苟得其养,无物不长;苟失其养,无物不消。孔子曰:'操则存,舍则亡;出入无时,莫知其乡⑤。'惟心之谓与。"

——《告子上》

① 牛山:在齐都临淄之南。
② 萌蘖:萌芽。
③ 濯濯:光秃秃的样子。
④ 有:通又。梏亡:禁灭。
⑤ 乡:通向,方向。

孟子曰:"人之所不学而能者,其良能也;所不虑而知者,其良知也。孩提之童①,无不知爱其亲者,及其长也,无不知敬其兄也。亲亲,仁也;敬长,义也。无他,达之天下也②。"

——《尽心上》

① 孩提之童:刚会笑、可提抱的幼儿。孩,小儿笑。
② 达:通。

孟子曰:"广土众民,君子欲之,所乐不存焉。中天下而立,定四海之民,君子乐之,所性不存焉。君子所性,虽大行不加焉①,虽穷居不损焉,分定故也②。君子所性,仁义礼智根于心,其生色也睟然③,见于面,盎于背④,施于四体⑤,四体不言而喻。"

——《尽心上》

① 所性:所本。大行:通达。
② 分:本分。
③ 睟然:润泽的样子。
④ 盎:显。
⑤ 施于四体:扩展到四肢。

孟子曰："形色，天性也；惟圣人然后可以践形①。"

——《尽心上》

---

① 践形：体现天性。

孟子认为人性本善，理由是"恻隐之心人皆有之，羞恶之心人皆有之，恭敬之心人皆有之，是非之心人皆有之"。这四心也称"四端"，"人之有是四端也，犹其有四体也"。这"四端"代表了仁、义、礼、智四德，所以"仁义礼智根于心"，"非由外铄我也，我固有之也"。他举了两个例子来证明，一曰"今人乍见孺子将入于井，皆有怵惕恻隐之心"，二曰"孩提之童，无不知爱其亲者，及其长也，无不知敬其兄也"，不但从成人说到小孩，更从小孩说到刚落地的婴儿，昌言"大人者不失其赤子之心"！

或许有人会说孟子太幼稚，现实并非如此，人心也不如他说得那么好、那么简单——"凡人心险于山川，难于知天，天犹有春秋冬夏旦暮之期，人者厚貌深情"（《庄子·列御寇》），庄子是懂人心的。人心仿佛一座城，无论大小，总有不足与外人道的地方，所以我们常说某人有城府。

不错，但这与性善论实无矛盾，因为前者是现实，后者是理想。既然是理想，就有梦的成分，没有人是喜欢做恶梦的。

"人性本善"自会启人疑窦：人为何有不善？世间为何多苦难？孟子说，这不能归罪于天性呵——"非才之罪也"；只是因为外界污染，再有就是"非不能也，乃不为也"的自暴自弃，"所以陷溺其心者然也"。

　　豪杰之士的提醒总是直截了当的，不幸世上本无多少豪杰。当你欣赏《动物世界》时，想过没有"人之所以异于禽兽者"到底有多少？孟子可是有答案的，这答案就是"几希"——一点点。什么呢？一点良心，没了它，便不能算是人了。或也有人会如惠施问庄子"子非鱼，安知鱼之乐"一样，站在动物保护主义的立场上去反诘孟子："子非禽兽，安知禽兽之没良心？"问得虽则有理，却还不如不问，因为问了更令人惭愧！若明白孟子的用心，去找回天生的好东西就够了，又何必斤斤于"禽兽"二字呢？

　　"夫子之言性与天道，不可得而闻也。"（《论语·公冶长》）孔子很少谈论人性，一部《论语》只一句"性相近也，习相远也"（《论语·阳货》）。人性确实不好说，因为它在四方上下的"六合之外"，所以"圣人存而不论"，可见孔子的高明。孟子从理想出发，想接着而不是照着孔子说，所以孔子虽没说过性善的话头，他却强调人性本善。稍后儒家又出了个大师叫荀子，他从现实出发，与孟子唱反调，主张人性本恶，还批评孟子不知性、"伪"（人为）之分，不辨别先天、后天，认为提倡性善将导致"去圣王，息礼义"，说得也可谓头头是道。我们就来议一下战国时期的人性观吧：

　　人的本性究竟是怎样的？人的行为善恶之根源如何？类似这样的追问，在中国思想史上受到特别的重视，所以经常讨论乃至争辩，这与中国主流文化注重人间性、注重人有很大关系。儒家之学，从一开始起就是"人"学，有人把它称为道德哲学，这也对，因为它注重的是作为道德主体的人以及人与人之间的关系。当它研究作为道德主体的人以及人的道德时，则往往归之于心性论。

中国历史上首次讨论人性问题，据目前所知，就是孟子与告子之辩。在告子看来，"生之谓性"，人性就是与生俱来的自然本能属性，天生如此，"食"与"色"都是性；既然天生如此，也就无所谓善与恶，就像流水不分东西南北一样。告子的观点遭到了孟子的严厉批评，因为孟子认为"人性本善"，即人性生来就具有善的属性；在强调人具有先验善性之同时，孟子解释了人所以会不善的原因，那是由于外界影响和人自己是否有向善的主观愿望。

孟子与告子的辩论很精彩，但却是"聋子的对话"，因为他俩讲得是不同的人性。告子说人性是本能，人人皆然，无所谓善恶，这本来没错。如其所谓"食色性也"，也是一点不错的大实话，孔老夫子不也说过"饮食男女，人之大欲存焉"（《礼记·礼运》）。但问题在于，告子仅仅把人的本能当作人性，这就使得人与动物没有任何区别了。但人之所以为人，主要不在于他的动物性，孟子所强调的正是人之所以为人的那个"性"，即"人之所以异于禽兽"的"人性"，其主要的标志就在于人有道德意识，也就是有仁义之心。实际上，孟子并不否认告子所说的"性"，只是他把告子所说的"性"称之为"命"，而在他看来"性"比"命"更重要（详第三节）。

孟子"人性本善"的命题，肯定了人类道德生活的可能性和必要性，揭示了人与动物间的根本区别，这无疑有积极意义，所以在中国历史上影响甚大。但承认此点，并不是说它没有问题。孟子对"人性本善"

的论证实际有很大的漏洞。尽管他或雄辩滔滔、或侃侃道来，却还是没有真正讲清人之所以会有恶的根源。他讲恶是受外界环境的影响，这外界环境当然是指人及人类社会，因为自然界是无所谓善恶这种价值判断的。"外界影响说"一般不难接受，但如果"打破砂锅纹（问）到底"，外界的这个恶——最本原的恶——又究竟是从哪里来的呢？假设人之初，第一个人来到这世界上，他应该只有本善的性（这是孟子的专利），他的后代一定也应该遗传了他本善的性，那么人或社会的恶又是从何方、何时、因何而来的呢？这个问题在基督教那里容易解决，因为魔鬼撒旦，让蛇去蛊惑人类之母夏娃，偷吃了伊甸园的禁果，于是人类便有了"原罪"。但孟子既没去麻烦神学世界里的魔鬼，也缺乏哲学套话中说的本体论论证，于是恶便没了其本原的存在依据，成为无源之水、无本之木！恶即不能存在，那与之相对的善，其存在又有什么意义？再说，恶是经验世界里从古到今、从中到外实实在在的存在，且还比比皆是。谓予不信，请马上打开电视机，看"新闻30分"、"社会方圆"、"今日说法"、"东方110"、"案件聚集"、"法治在线"……至于报刊杂志，身边之人之事——诸如亲戚、同事、邻居、家庭、单位、社区之类——暂就免了吧？

正因为孟子的理论存在缺陷，所以后来才有荀子出来讲"人性本恶"。荀子的观点是：人性就是与生俱来的、质朴的自然属性，这种属性所遵循的是趋利避害、好逸恶劳的原则，所以人性是本恶的。而人之所以能善，只是后天教化和学习的结果，那是"伪"，即通过"人为"来陶冶人的性情、"化性起伪"的结果。"伪"的标准是"圣人"制定的"礼义法度"。这就逻辑地延伸出荀子对教育和学习的重视,其著作首立《劝学》实非偶然:"学不可以已","干越、夷貉之子,生而同声,长而异俗,教使之然也","吾尝终日思之,不如须臾之所学也";后天学习对人至关重要,教育决定人的成长,知识和德性是通过积累而成的,"积土成山,风雨兴焉;积水成渊,蛟龙生焉;积善成德,而神明自得,圣心备焉"。荀子是结合了告子"生之谓性"和孔子"性相近,习相远"之说而成其人性论的,他强调道德是人创造的,强调人必须自觉地用现实社会秩序规范来改造自己,这都有可取之处。但他的问题更多:其一,他还是把人性仅看作是动物的本能;其二,他既说"性出于天",又"人性本恶",那么这个产生人性的"天"(自然)究竟是善的还是恶的?其三,他强调"化性起伪"的后天改造,但源自于自然的恶之改造又如何可能,如天生乌黑的煤炭怎么会变白呢?

总之,战国时期开了我国历史上讨论人性善恶问题的先河,同时也留下一个很大的理论难题,这个难题一直要到一千多年后的宋代道学家张载、程颢、程颐那里才得到解决。当然,所谓解决也只是理论上的,离事实相去很远。老实说直到今天这个问题仍没解决,但我们不能扯得太远了。

本节中选了孟子与告子辩论的四段内容,很精彩,也很好玩,所以最后说一下孟子的辩术。从四段内容中我们可以发现一个基本特点,那就是孟子在与告子辩论时,都不是从正面去申论自己的观点,而是以抓住告子弱点、改变告子概念等方法来取得主动的。这正是孟子的高明之处，尽管在某些方面孟子有强词夺理之嫌，但他处理得恰到好处，往往不易察觉。如他先以"白之谓白"来比"生之谓性"，然后又以"白羽"、"白雪"、"白玉"之"白"来问是否相同；告子不明白孟子用意，没有分辨三者之间有共性也有殊性，所以贸然同意，上了圈套。孟子马上抓住了告子的错误，用犬、牛也是生而有禀性，难道与人性也一样吗的逼问，使告子陷入了被动。再如对"义"的理解，告子讲的是事实判断，这是"白"的，所以我认识下来是"白"的，"白"不在我而在物，因此是外在的；孟子讲的是"义"，是其"四端"说之一的"羞恶之心"，那是价值判断，是内在的。本来是两人各说各的，但孟子的论辩技巧高，把话题引向纯讲价值判断的"长人之长"一点上，而不去谈"白马之白"、"白人之白"这些事实判断的问题。告子不明就里地跟着去讲什么"长楚人之长，亦长吾之长"，这又落入孟子的圈套。孟子最后的发问很高明，他抓住告子"食色性也"的命题，既然食色出自"性"，是本身之所需，那就不是外在而是内在的，因此"耆炙"也必须是内而不是外，否则"食色"还能称之为"性"吗?

2. 反身而诚

"赤子之心"是美好的，所以要把它找回来。怎么找？"反身而诚"即是重要途径之一。

本节第一段说"反求诸己"。孟子道性善，善也只是一个"端"、一种可能，难免受外界影响而变坏。本来造箭的人并不比造甲的人更不仁，木匠、巫婆也一样，他们之所以会有截然不同的思想，乃由他们各自的职业所决定，因此择业必须慎重。这里也含有告诫统治者在决定方针政策时应该审慎的意思。其次借孔子"里仁"的思想，强调"为仁"的必要，不是能不能的问题，而是想不想的问题，关键还看自己的选择。最后以射箭为喻，提出"反求诸己"。

第二段说待人接物。别人不理你，不领情，先要反躬自问，自己端正了，别人才会心悦诚服。

第三段说修身为本。由此出发，才能进而把家、国、天下都治理好。《大学》"三纲领，八条目"中有所谓"修身，齐家，治国，平天下"，说得也是这个道理。当说明的是，这里的"国"指诸侯国，"天下"则大致相当于今天的中国。

第四段说诚。诚者，真实无妄也，是道德实践的高度自觉。孟子认为，使自身真诚是有方法的，不明白什么是善，自身就不能真诚。所以诚是自然的法则；追求诚，则是做人的法则。做到了至诚而不被感动，是从没有过的事；如果不诚，也不可能感动人。从开头"居下位"至"人之道也"，与《中庸》第二十章的一段文字几乎完全相同。相传《中庸》为子思所作，荀子《非十二子》将思、孟归为一派，司马迁说孟子"受业子思之门人"。但有人考证说《中庸》实为战国晚期甚至汉初的作品，因此是《中庸》抄《孟子》。这桩公案，且不去说它。

第五段说待人接物。有两层含义：其一，遇到问题应该首先检讨自己，看看是否自己的不是；其二，只要站得直、行得正，就没有必要患得患失,唯一值得担忧的是,自己还没有达到圣贤那样的道德水准。最后一句话较难理解,即为什么君子不担心突发的祸患?孟子的意思大概是:因为那不是自己招来的,所以并不介怀,如赵岐《章句》所言:"如有一朝横来之患,非己愆也,故君子归天,不以为患也。"归天者,委天任命也。

第六段说诚信。这是儒家一贯坚持的原则,不讲诚信就什么东西都把握不住。

第七段说人生境界。"万物皆备于我",反躬自问而觉真实无妄,就是最大的快乐。没有人愿意被伤害,因此不要去伤害别人,如此就离仁不远了。

第八段是著名的孟子"三乐"说。其中,第一乐要看天意,第二乐在于自身,第三乐则视乎他人。

第九段说以身作则。不以身作则的人,连老婆、孩子也管不了,更别谈要求别人了,所以还得"反求诸己"。

孟子曰："矢人岂不仁于函人哉①？矢人唯恐不伤人，函人唯恐伤人。巫、匠亦然②。故术不可不慎也③。孔子曰：'里仁为美④，择不处仁，焉得智？'夫仁，天之尊爵也，人之安宅也。莫之御而不仁⑤，是不智也。不仁不智，无礼无义，人役也⑥。人役而耻为役，由弓人而耻为弓⑦，矢人而耻为矢也。如耻之，莫如为仁。仁者如射，射者正己而后发，发而不中，不怨胜己者，反求诸己而已矣。"

——《公孙丑上》

---

① 矢人：造箭的人。函人：造甲的人。
② 巫：给人看病祝福的巫师。匠：做棺材的木匠。
③ 术：择业。
④ 里：居。
⑤ 御：阻碍。
⑥ 人役：仆役。
⑦ 由：通犹。

孟子曰："爱人不亲，反其仁；治人不治，反其智；礼人不答，反其敬。行有不得者，皆反求诸己，其身正而天下归之。《诗》云：'永言配命①，自求多福。'"

——《离娄上》

---

① 《诗》：《诗经·大雅·文王》。配命：配合天命。

孟子曰："人有恒言①，皆曰'天下国家'。天下之本在国，国之本在家，家之本在身。"

——《离娄上》

---

① 恒言：常言。

　　孟子曰："居下位而不获于上①，民不可得而治也。获于上有道，不信于友，弗获于上矣。信于友有道，事亲弗悦，弗信于友矣。悦亲有道，反身不诚，不悦于亲矣。诚身有道，不明乎善，不诚其身矣。是故诚者，天之道也；思诚者，人之道也。至诚而不动者，未之有也；不诚，未有能动者也。"

——《离娄上》

---

① 获于上：得到上级信任。

　　孟子曰："君子所以异于人者，以其存心也。君子以仁存心，以礼存心。仁者爱人，有礼者敬人。爱人者人恒爱之，敬人者人恒敬之。有人于此，其待我以横逆①，则君子必自反也；我必不仁也，必无礼也，此物奚宜至哉②？其自反而仁矣，自反而有礼矣，其横逆由是也③，君子必自反也，我必不忠。自反而忠矣，其横逆由是也，君子曰：'此亦妄人也已矣！如此，则与禽兽奚择哉④？于禽兽又何难焉⑤？'是故君子有终身之忧，无一朝之患也。乃若所忧则有之：舜，人也；我，亦人也。舜为法于天下，可传于后世，我由未免为乡人也，是则可忧也。忧之如何？如舜而已矣。若夫君子所患则亡矣。非仁无为也，非礼无行也。如有一朝之患，则君子不患矣。"

——《离娄下》

---

① 横逆：蛮不讲理。
② 奚宜：怎么会。
③ 由：通犹。
④ 奚择：何异。
⑤ 难：责备。

　　孟子曰："君子不亮①，恶乎执？"

——《告子下》

———————————————————————————————————
① 亮：诚信。

　　孟子曰："万物皆备于我矣。反身而诚，乐莫大焉。强恕而行①，求仁莫近焉。"

——《尽心上》

———————————————————————————————————
① 强：努力。恕：推己及人。

　　孟子曰："君子有三乐，而王天下不与存焉。父母俱存，兄弟无故①，一乐也；仰不愧于天，俯不怍于人②，二乐也；得天下英才而教育之，三乐也。君子有三乐，而王天下不与存焉！"

——《尽心上》

———————————————————————————————————
① 无故：平安。
② 怍：愧。

　　孟子曰："身不行道，不行于妻子①；使人不以道，不能行于妻子。"

——《尽心下》

———————————————————————————————————
① 妻子：妻儿。

　　"诚信"这个词近年来似乎又吃香起来，不仅频现于传媒之上，还常挂在某些人嘴边。原因简单——缺！君不见，有多少贪官唱着"三个代表"大干吮吸民脂民膏的勾当，反腐败力度虽然见涨，可他们却屡败

25

屡战；商场中守法经营、信守承诺只赚个微利薄润，而坑蒙拐骗、制假售假却横财大发；娱乐界和媒体靠恶意炒作、无中生有、弄虚作假即可名利双收；学术界浮夸剽窃之风已上及名教授乃至院士。诚信无功无利，虚伪和欺诈或不受制裁或成本低廉，社会就形成不了遏制它们的游戏规则。历史也真会开玩笑，中国人讲"诚信"至少讲了二千多年，到头来它却成了"稀缺品"，弄不好还要从国外去进口，不亦悲乎！怎么办？我不知道。我只略知一点中国历史上的"诚信"说，只能就所知而谈了：

"诚"，一般是指"真实无妄"，它是儒家的核心概念之一。儒家的"诚"是从人的道德实践中抽象概括出来的，其实质指道德实践中高度自觉的品质或心理状态。在先秦儒家思想的发展中，"诚"的概念经历了一个逐步发展完善的过程。孔子未直接言"诚"，而是通过言"仁"来透显"诚"之意蕴。孟子开始言"诚"，本节所选多与之有关。孟子所论，是指真诚地去内省人的仁、义、礼、智等先天所具有的善性，而当"诚"达到极至境界，那就可以感动一切，"精诚所至，金石为开"嘛。以后的荀子亦言"诚"，《不苟》篇中有"君子养心莫善于诚，致诚则无它事矣"；"诚心守仁则形，形则神，神则能化矣。诚心行义则理，理则明，明则能变矣"；"天地为大矣，不诚则不能化育万物；圣人为知矣，不诚不能化万民；父子为亲矣，不诚则疏；君上为尊矣，不诚则卑。夫诚者，君子之所守，而政事之本也"。《大学》亦言"诚"，"诚意"是其"八条目"之一，"所谓诚其意者，毋自欺也"，因为"诚于中，形于外"。真正把"诚"作为核心概念的是

《中庸》,《中庸》的二十章到二十六章集中论"诚",其重要者如:"诚者,天之道也;诚之者,人之道也";"诚者,物之终始,不诚无物";"唯天下至诚为能经纶天下之大经,立天下之大本,知天地之化育";"自诚明,谓之性;自明诚,谓之教。诚则明矣,明则诚矣。唯天下至诚为能尽其性。能尽其性,则能尽人之性;能尽人之性,则能尽物之性;能尽物之性,则可以赞天地之化育;可以赞天地之化育,则可以与天地参矣";"诚则形,形则著,著则明,明则动,动则变,变则化。唯天下至诚为能化"等。《中庸》之"诚",成为一个统贯天人的范畴,它既是宇宙的本体,也是人性的本体,体现了先秦儒家"天人合一"的思维模式。以后的儒者无不重视这个"诚"字,尤以宋明儒为甚,不仅讲"诚",还要把它与"敬"结合起来,这是后话,也是一个很大的话题,就不展开了。

儒家不仅讲"诚",还讲"信","信"是所谓的"五常"之末。"五常"就是孟子"四端"仁、义、礼、智再加个"信"。后来,"诚信"便成了一个词。"诚"和"信"在儒家那里虽相通却不尽同,前者比后者重要得多,何以见得? 孟子尝言:"大人者,言不必信,行不必果,惟义所在。"(《离娄下》)意思是有德君子说话不必拘泥于句句信守,行为也不必拘泥于件件贯彻,只依据"义"之所在而言而行。其实这也不是孟子的发明,孔子早就说过,"言必信,行必果"只是最次一等"士"的做人原则,属于"硁硁然小人"(参见《论语·子路》)。

掉了一段"书袋",有点闷,因为那都是古书上的,既遥远且抽象,还是换些经验世界的现实话题吧。还讲"诚信":诚与信经常会发生矛盾,比如说,一个人患了癌症,不自知,医生和家属怎么办? 说实话吧,怕病人听了绝望,反而加速死亡;说谎吧,又不诚实。如何取舍? 一般说来人们多会选择孟子所谓的"惟义所在"来处理,讲一些"善意的谎言"。这容易理解,亦属小事。但诚、信矛盾有时会牵涉大事件,对其定性殊为不易。远的不提,就说最近:小布什和布莱尔编了个大规模杀伤性武器的"故事",然后出动航母、导弹、坦克、B—52……又是"斩首"(美军以卫星导航的导弹定点轰炸伊拉克首都巴格达拉开战争序幕,目的想炸死总统萨达姆,取得主动,此次行动代号为"斩首"),又是"狂奔"(美英军队进入伊拉克后不久,伊军就丧失了战斗能力,美军机械化步兵师如入无人之境,一天就能深入一、二百英里,西方媒体称之为"新世纪的狂奔"),硬把个主权国家伊拉克给端了。而在战争中,伊拉克的那个风度翩翩、辩才无碍的新闻发言人萨哈夫,居然能面对全世界把"地球人都知道"的谎言说得那么娓娓动听,也令人叹服! 你能说小布什和布莱尔就是坏人? 在他们而言却是忠诚于国家,尽一己之责,于是不惜制造谎言、不惜手染血腥。至于萨哈夫,他同样是为国家利益,为忠于职守,于是说谎便成了职责。实际他个人品德不错,邻居都说他是个好人。萨达姆垮台后他主动去自首,美国人还不要,理由是"扑克牌"(美军在伊拉克列出通辑令名单,共54人,为让士兵熟悉制成"扑克牌"状)上没他。这虽有点周星驰"无厘头"搞笑的味道,但说明连对手都不认为他是坏人。你能说小布什、布莱尔、萨哈夫是"惟义所在"吗? 这是与非恐怕很难判断：倘若不是，那又是什么？倘若是，那双方必有一方"不义"，不可能双方都是"义"；要么"义"有N种，可什么都是等于什么都不是，世上岂不从此没了"义"？咳！此诚庄生所谓"彼亦一是非，此亦一是非！"由此又联想到张艺谋的《英雄》，就像在为小布什做广告，所以在美国上座率很高，可"天下"两字岂能服人？毋宁说在蒙骗"天下"人！

说完"诚"，再略说"反身"。

上面孟子语录中的"反身"、"自反"、"反求诸己"，其实都是一个意思，它在儒家学说中叫做工夫论。"反身"这种工夫强调，当我们遇到任何问题时，首先应该想到的是检讨自己在哪方面还存在不足，然后加以改正。只有做到自身端正，所做的事情才会取得成效。这道理很对也很简单，但要真正做到却很不容易，所以需要下"工夫"。现代大哲熊十力先生说："今人只知向外，看得一切不是，却不肯反求自家不是处，此世乱所以无已也。先圣贤之学，广大悉备，而一点血脉，只是'反求诸己'四字。"（《十力语要》卷三《黎涤玄记语》）

熊先生还是在就"反身"论"反身"，可到了与之齐名的梁漱溟先生那里，"反身"可就成了中国文化的模式。在他那部著名的《东西文化及其哲学》中，梁先生将世界上的文化归为三种基本类型：第一种是"以意欲向前为根本精神"，所以"遇到问题向前下手"，那是西方文化的模式；第三种是"以意欲反身向后要求为其根本精神"，所以"遇到问题反身向后要求取消这个问题以求得问题的解决"，那是印度文化的模式。而介于其中的是中国文化的模式，其特征是

"以意欲自为调和折中为其根本精神",所以"遇到问题不是向前下手而是转换自己的态度,就在这个境地上求解决"。梁先生认为,中国文化对问题的解决要求不是向前下手,而是在外部环境条件不变的情况下"变换自己的意见",所以中国人遇事不向外求,而是"反身而诚"向内去求。他不求打碎、克服、战胜对象,但求改变战胜自我,屈己让人,从而成就自己。

梁先生的说法准确吗?正确吗?我不敢妄评,你可以想想。

3. 事天立命

有"赤子之心"，能"反身而诚"，这很好，但不一定就能做成事情，因为它们还只是内在的、你的、主观的。可还有许多外在的、非你的、客观的因素，那是不以你的意志为转移的，这其中最重要的无疑就是"天"和"命"。对它们该采取什么态度呢？孟子认为那就要"事天立命"。

本节第一段说孟子不遇鲁侯。本来鲁平公是要去见孟子的，后因小人臧仓的谗言而未果。孟子所以到鲁国去，很可能是因为他的学生乐正子（名克）在那里做官。据《告子下》记载，当孟子听说鲁国要用乐正子为政时，曾"喜而不寐"，称"其为人也好善"（同上），是"善人也，信人也"（《尽心下》）。鲁平公要见孟子想必就是乐正子推荐的。所以当平公取消了见孟子的计划，乐正子自然要去问明原由。孟子对此事的态度很达观，他回答乐正子的话也耐人寻味：平公想见孟子是由于乐正子的促使，而不想见了又是由于臧仓的离间，表面上看似乎都是人在起作用，然冥冥之中实有天意，况且平公本人意志这么不坚定，这么容易听信谗言，即使相见又有多大意义？所以不见也罢。

第二段是孟子离开齐国，在路上和弟子充虞的对话。孟子自信有命世之才，但事与愿违，所以只能把天下能否平治归诸"天"。这不仅是他个人的命运，也是所有大哲的命运。孔子说"天生德于予"（《论语·述而》），"苟有用我者，期月而已可也，三年有成"（《论语·子路》），同时又慨叹"道之将行也与，命也；道之将废也与，命也"（《论语·宪问》）。

第三段孟子引《尚书》"天作孽，犹可违；自作孽，不可活"，认为个人家国的福祸、兴衰、荣辱虽有外因，但外因须通过内因起作用，所以还得强调自身因素，其中最根本的便是"仁"与"不仁"之别。在孟子看来，对一个不仁的人没啥好说的，但为什么他还不断地游说那些不仁的君主呢？因为无奈，不仅是他个人，整个儒家都很无奈，谁叫他们"以天下为己任"呢？儒家就是不如道家洒脱，即便看透了，也不做自了汉，于是很累，知其不可而为之，但愿能感动上苍。

第四段截取自《万章上》之第六章。它是孟子为"天"和"命"下的简洁而明确的定义，突出的就是其非人力所能及这一点。

第五段说"生于忧患，死于安乐"，勉励人们从逆境中奋起，尽管有"天命"，还应尽人事。

第六段历来受到重视，因为在短短数语中，包含了八个极重要的概念：尽心、知性、知天、存心、养性、事天、修身、立命。儒家所谓的"身心性命之学"，在此处处有着落：通过内省，穷尽本心（不忍人之心），于是懂得人性，懂得人性，就是懂得天命。存养心性，所以事奉上天。无论能活多久，只是培养身心，等待天命，这就是儒家安身立命的道理。

第七段接上章说命。朱熹《集注》云"所以发其末句未尽之意"，即阐发上章"立命"的意蕴。立者正也，立命者立正命也。赵岐《章句》云："命有三名，行善得善曰受命，行善得恶曰遭命，行恶得恶曰随命，惟顺受命为受其正也。"如此，则好人要么受命，要么遭命，而坏人则只有随命，然则"行恶得善"就不可能？这个难说，不过中国人向来相信"恶有恶报"，虽然未必是"现世报"。又，赵岐说"惟顺受命为受其正也"，恐怕与孟子的原意不合，在孟子则是"尽其道而死者正命也"，只要是好人，无论怎么死，都算正命。

第八段说仁义礼智，求则得之，因为在我；富贵利禄，可求但未必能得，因为在外。在我的要努力，在外的委天命。

第九段说穷达有命，原则在我。战国时代，游说风行，孟子亦难免俗，但他讲原则，不是禄蠹，不肯用纵横家之流的手段猎取功名。一句"穷则独善其身，达则兼善天下"，道尽孟子的人格。

第十段说性命抉择。孟子论性，有味、色、声、臭、安佚之类，更有仁、义、礼、智、圣人之类。前者是本能，故曰"命"；后者是由本能生出的道德，故曰"性"。一般人对前者拼命追求，对后者听之任之。有感于斯，孟子特别强调前者的命运成分和后者的天性成分，希望人们对前者不必强求，对后者身体力行。"性"字从心从生，告子说"生之谓性"，本也不错。但孟子觉得太浅、太俗，于是提出反驳，由此生出误会，以为孟子否认"食色"。实则不然，此章就是明证（"形色天性"章可作旁证）。

　　第十一段仍说君子行己有法，结果听天由命。

鲁平公将出①，嬖人臧仓者请曰②："他日君出，则必命有司所之③。今乘舆已驾矣，有司未知所之，敢请④。"

公曰："将见孟子。"

曰："何哉，君所为轻身以先于匹夫者？以为贤乎？礼义由贤者出，而孟子之后丧逾前丧⑤。君无见焉。"

公曰："诺。"

乐正子入见⑥，曰："君奚为不见孟子也？"

曰："或告寡人曰：'孟子之后丧逾前丧'，是以不往见也。"

曰："何哉，君所谓逾者？前以士，后以大夫；前以三鼎，而后以五鼎与⑦？"

曰："否。谓棺椁衣衾之美也⑧。"

曰："非所谓逾也，贫富不同也。"

乐正子见孟子，曰："克告于君，君为来见也。嬖人有臧仓者沮君⑨，君是以不果来也。"

曰："行，或使之；止，或尼之⑩。行止，非人所能也。吾之不遇鲁侯，天也。臧氏之子焉能使予不遇哉？"

——《梁惠王下》

---

① 鲁平公：鲁君，名叔。
② 嬖人：宠臣。
③ 所之：所往。
④ 请：请示。
⑤ 后丧逾前丧：丧，办丧事；后丧，指孟子母丧；前丧，指孟子父丧。
⑥ 乐正子：乐正氏，名克，孟子学生，当时在鲁国做官。
⑦ 三鼎、五鼎：古代祭祀，士用三鼎，卿大夫用五鼎。
⑧ 棺椁：内棺、外棺。衣衾：装殓死者的衣被。
⑨ 沮：阻止。
⑩ 尼：阻止。

孟子去齐，充虞路问曰："夫子若有不豫色①。然前日虞闻诸夫子曰：'君子不怨天，不尤人。'"

曰："彼一时,此一时也。五百年必有王者兴,其间必有名世者②。由周而来,七百有余岁矣。以其数,则过矣;以其时考之,则可矣。夫天未欲平治天下也;如欲平治天下,当今之世,舍我其谁也? 吾何为不豫哉?"

——《公孙丑下》

① 不豫:不快。
② 名世者:命世之才。

孟子曰："不仁者可与言哉? 安其危而利其菑①,乐其所以亡者。不仁而可与言,则何亡国败家之有? 有孺子歌曰:'沧浪之水清兮②,可以濯我缨;沧浪之水浊兮,可以濯我足。'孔子曰:'小子听之! 清斯濯缨;浊斯濯足,自取之也。'夫人必自侮,然后人侮之;家必自毁,而后人毁之;国必自伐,而后人伐之。《太甲》曰③:'天作孽,犹可违;自作孽,不可活④。'此之谓也。"

——《离娄上》

① 菑:通灾。
② 沧浪:青色。
③ 《太甲》:《尚书》逸篇。
④ 活:通逭,逃。

莫之为而为者,天也;莫之致而至者,命也。

——《万章上》

孟子曰："舜发于畎亩之中①,傅说举于版筑之间②,膠鬲举于鱼盐之中③,管夷吾举于士④,孙叔敖举于海⑤,百里奚举于市⑥。故天将降大任于是人也,必先苦其心志,劳其筋骨,饿其体肤,空乏其身,行拂乱其所为,所以动心忍性⑦,曾益其所不能⑧。人恒过,然后能改;困于心,衡于虑⑨,而后作;征于色,发于声,而后喻。入则无法家拂士⑩，出则无敌国外患者，国恒亡。然后知生于忧患而死于安乐也。"

——《告子下》

① 舜发于畎亩之中：舜曾耕于历山。
② 傅说：殷高宗武丁的贤相。版筑：古代筑墙，两版相夹，当中填土，用杵夯实。
③ 膠鬲：殷末贤者，曾贩鱼盐。
④ 管夷吾：管仲。士：狱官。
⑤ 孙叔敖：楚国令尹。
⑥ 百里奚：秦穆公的贤相，曾替人养牛。
⑦ 动心忍性：震动心志，坚忍性情。
⑧ 曾益：增加。曾通增。
⑨ 衡：通横，横塞。
⑩ 法家：有法度的世臣。拂：通弼，辅佐。

　　孟子曰："尽其心者，知其性也。知其性，则知天矣。存其心，养其性，所以事天也①。殀寿不贰②，修身以俟之，所以立命也。"

——《尽心上》

① 事：奉。
② 殀：短命。不贰：没有二心。

　　孟子曰："莫非命也，顺受其正；是故知命者不立乎岩墙之下①。尽其道而死者，正命也；桎梏死者②，非正命也。"

——《尽心上》

① 岩墙：危墙。
② 桎梏：脚镣手铐之类的刑具，这里指犯罪。

　　孟子曰："求则得之，舍则失之，是求有益于得也，求在我者也。求之有道，得之有命，是求无益于得也，求在外者也。"

——《尽心上》

孟子谓宋句践曰①："子好游乎②? 吾语子游。人知之,亦嚣嚣③;人不知,亦嚣嚣。"

曰："何如斯可以嚣嚣矣?"

曰："尊德乐义,则可以嚣嚣矣。故士穷不失义,达不离道。穷不失义,故士得己焉④;达不离道,故民不失望焉。古之人,得志,泽加于民;不得志,修身见于世⑤。穷则独善其身,达则兼善天下。"

——《尽心上》

① 宋句践: 宋氏,名勾践。
② 游: 游说。
③ 嚣嚣: 自得其乐。
④ 得己: 自得。
⑤ 见: 通现。

孟子曰："口之于味也,目之于色也,耳之于声也,鼻之于臭也①,四肢之于安佚也,性也,有命焉,君子不谓性也。仁之于父子也,义之于君臣也,礼之于宾主也,知之于贤者也,圣人之于天道也,命也,有性焉,君子不谓命也。"

——《尽心下》

① 臭: 气味。这里的味、色、声、臭都含褒义。

孟子曰："尧舜,性者也;汤武,反之也。动容周旋中礼者①,盛德之至也。哭死而哀,非为生者也。经德不回,非以干禄也②。言语必信,非以正行也③。君子行法以俟命而已矣④。"

——《尽心下》

① 动容周旋: 举手投足。
② 经: 行。回: 违。干: 求。

③ 正行：求正行之名。
④ 行法：依法度而行。

　　如是我闻，中国人缺乏宗教精神，这既是中国人之长，也是中国人之短。确实，中国真正虔信宗教的人历来不多。虽然中国有很多寺庙宫观，近代以来又添了些教堂，可人们十之八九把之当作风景名胜去游玩观赏，即使烧香、拜佛、做礼拜，亦多逢场作戏、"临时抱佛脚"之类。

　　但是，中国人信"命"。从古到今，从帝王将相到平头百姓，从学富五车的大学者到目不识丁的贩夫走卒、引车卖浆者流，信"命"者比比皆是。因此，诸如好命、坏命、长命、短命、富贵命、贫贱命、皇帝命、乞丐命、命该如此、命中注定、命里带来、命途多舛、命宫摩羯、听天由命……这类话语，在中国人是稀松平常、张口就来。而"算命"在旧时也算一合法行当，不少人（尤以瞽者居多）还赖此谋生。"命"，可说是对中国人最有影响的观念之一。

　　"命"由"天"赋，"命"的观念是从周人"天命"思想中引出的。中国古代的"天"有两重含义，一指自然存在，即与地相对的天；一指有人格意志的最高主宰，它更重要。如孔子说，"天何言哉？四时行焉，百物生焉，天何言哉"（《论语·阳货》），是指自然的天；又说，"天生德于予"（《论语·述而》），"获罪于天"（《论语·八佾》），"欺天乎"（《论语·子罕》），"天厌之"（《论语·雍也》）等，是指最高主宰的"天"。

　　中国最早的最高主宰，不是"天"而是"帝"，又称"上帝"、"昊天上帝"等,这在殷商甲骨文中很多。基督教东来,有人把西方的"God"汉译成"上帝",一来二往,许多人竟把"上帝"当作西方的专利,真是数典忘祖!殊不知其知识产权本属中国。大约到了周人那里,把殷人"帝"的观念与"天"结合起来,"天"开始具有最高主宰的品格(参见陈梦家《殷虚卜辞综述》第581页),这就有了"天帝"这样的称号。但周人更重"天",以为"天"有意志,能致"命"于人、决定人类命运,于是渐渐地形成了"天意"、"天命"等观念。

周人推翻殷人统治,认为这是"天"的眷顾,提出了"有命自天,命此之王"的说法,以后逐渐形成了比较完整的"天命论"。天命论认为:"天"命其"子"(这叫"授命")在人间代行权力,让他护佑四方、替天行道。"天子"统治人间既是受"天"之命(这叫"受命"),因此他必须有德。"受命"了的天子要革去上一个天子所受的命(这叫"革命"),因为那个"天子"表现不佳,祸国殃民,已不能替天行道了。"天命论"以后根深蒂固地保留在中国历史上的政治生活中,自秦始皇在他那颗大印上刻了"受命于天,既寿永昌"八个篆字,后来历朝历代的帝王,无不自称是"真命天子"。

"天命论"的神化固然给帝王带来莫大的权力,但它同时也是一把双刃剑,不断地给帝王的权力制造麻烦甚至威胁。因为"天命论"既强调天子要有德,要替天行道;又声称"天命"可以转移,有"受命"和"革命"。那么,只要自诩"有德",自认"替天行道",人人都能做"真命天子",去"革"现任皇帝的"命"。如流氓刘邦、强盗朱温、小偷刘知远、无赖赵匡胤、流氓兼强盗朱元璋等不都是"真命天子"吗？旧史书上还不能不尊称他们一声"太祖高皇帝"。反之，"王侯将相宁有种乎"（陈胜）、"彼可取而代也"（项羽）、"大丈夫当如此矣"（刘邦）、"皇帝轮流做，明年到我家"（无名氏），存有这种跃跃欲试野心的人历史上又何止百千？只是运气好的只能是少数人，他们做了皇帝，更多的"起事者"则被骂作"盗贼"、"匪寇"。不奇怪，成王败寇本是历史铁律。

"命"的观念虽从"天命"中引申出来，但两者有别。"天命"的落实处是政治的、道德的，所谓"天命靡常，惟德是辅"、"天道无亲，常与善人"。就是说，"天命"只有通过帝王或圣贤的道德权威和杰出的施政能力等实践来展现，而通过人的主观努力，"天命"又是可以受影响甚至改变的。"命"则不同，"命"是指决定人一生吉凶、祸福、贫富、贵贱、寿夭等的一种机械的力量。每个人都有"命"，它生而注定，并不因为人的主观努力、品德操行、贤愚如何就能改变，所以"命"是超政治伦理的、无法抗拒的异己力量。设定这种力量的当然是"天"，所以从这个意义上说每个人都"受命于天"。

孔子既重视"天"，也重视"命"，强调"不知命无以为君子"（《论语·尧曰》），但他发现"天"与"命"有矛盾。因为"命"虽受之于"天"、由"天"决定，但"天"却是遥远的、空洞的甚至与"命"脱节的，所以他常把"天"与"命"分开讲。他以"天生德于予"自居，但游说诸侯，仆仆于列国而其道不行，无法扭转"礼崩乐坏"的时局，于是只能归因于"命"："道之将行也与? 命也; 道之将废也与? 命也。"(《论语·宪问》)就像他的好学生冉伯牛, 染上恶疾, "天"也无能为力, 孔子只能慨叹: "命矣夫! 斯人也而有斯疾! 斯人也而有斯疾! "(《论语·雍也》)

这种"天"、"命"区分的观点自孔子后被普遍接受, 孟子的无奈已见上面第二段。再如司马迁, 他在《伯夷列传》中也不无激愤地发问: 既然天道无亲, 常与善人, 那为何伯夷、叔齐会饿死, 颜回要早夭, 而盗跖竟以寿终? 这以后, 人们对各种各样的找不出合理解释的困惑, 如不该飞黄腾达的反而飞黄腾达、不该寄人篱下的反而寄人篱下、不该富贵荣华的反而富贵荣华、不该穷困潦倒的反而穷困潦倒、不该年青夭折的反而年青夭折……以及许多自己无法把握的问题, 如前途、未来、成败、得失……都自然而然或不得不更多地归之于"命", 尽管仍有少数人不信"命", 想"扼住命运的咽喉"!

最后稍带也说一下与"命"常并提的"运", 两者关系也是既有联系又不尽相同。按传统说法: "命"管一生, "运"管一时; "命"是与生俱来的人的寿数、贵贱、贫富、贤愚等不变的原则; "运"是在这个不变原则下各不同阶段的不同表现。旧时的"算命先生"就利用这两者的关系来为人"算命", "生辰八字"就是"命", 在"命"基础上再推出"起运"、"小运"、"大运"、"厄运"之类: 如某人"八字"好, 但一生不"走运", 虽衣食无愁但一辈子碌碌无为; 某人"八字"一般, 甚或有破缺, 故常处逆境, 可一生中能撞那么一、二次"大运", 倒也能干出一番出人头地、轰轰烈烈的事业。这"命"与"运"的名堂可多了, 什么"命

好运好"、"命坏运坏"、"命好运坏"、"命坏运好"、
"先坏后好"、"先好后坏"、"大运不好，小运来补"、
"大运不错，小运不通"……所谓高明的"算命先
生"，无非是将这些"辩证"关系处理得游刃有余、不
落形迹罢了。

二、伦理篇——得其所哉

标题"得其所哉"四字,语出《万章上》。这本是孟子给弟子万章讲的一个故事:从前有人送了条活鱼给郑国的子产,子产叫管池沼的"校人"将鱼养到水池中去。可那人却把鱼煮着吃了,回来报告说:"鱼刚放下去,还有些不自然;过会儿便摇头摆尾地游起来了;一下子又游得无影无踪了。"子产听后高兴地说:"得其所哉,得其所哉",即鱼到了它该去的地方。"校人"编了个有声有色的故事,骗倒了世称聪明的子产,很是得意,出来对人讲:谁说子产聪明?我把鱼都吃了,他还说鱼到了它该去的地方。孟子对此事的评价是:"君子可欺以其方,难罔以非其道。"意思是君子相信道理,既使骗他也只能以合乎道理的方法来骗。孟子认为子产是个君子,尽管孟子对子产并不佩服,认为他不知如何治国(参见《离娄下》"子产听郑国之政"章)。

这个"校人"以合乎道理的说辞骗了聪明的子产,那也就算了,还洋洋得意,真有点小人无忌惮!此人很像《庄子·逍遥游》里的那只小鸟,又哪里知道大鹏的志向?不知也罢,嘲而笑之,可见小人终究不会有大心。什么叫大心?大心者,大人之心也。孟子说过,"大人者不失其赤子之心"。不失其赤子之心的大人,能返璞归真,懂得上天至公的道理:鸟在天上飞,鱼在水里游,人在地上走,万物各得其所,是之谓"得其所哉"。

人之得其所哉,当然不仅是人能在地上走,孟子认为那只是人的动物性;人之得其所哉,更要紧是在于得"人伦"之所哉,即懂得做人之道，懂得如何合理地去处理人与人之间的各种关系。

本篇分为以下三节：

第一节"父子有亲"，语出《滕文公上》。主题是家庭伦理，其中有很多养老送终方面的内容，这本是儒家的特色。家庭伦理首重父子关系，以至于墨家讲"兼爱"，在孟子看来就是"无父"，因此不能不予严厉批评。父子之外还有母子，孟子由母亲养育长大，不会忘记这一点。家庭伦理当然还应包括夫妻、兄弟等关系，所以，这里"父子有亲"只是概括语，因为它在家庭伦理中占首位。

第二节"君臣有义"，语出《滕文公上》，主题当然是君臣关系。此节是接着"父子有亲"讲的，儒家向来有"求忠臣于孝子之门"一说。这里的"臣"是狭义的，专指卿大夫等朝廷命官，也包括候补官员"士"。而"率土之滨，莫非王臣"（《诗·小雅·北山》）之"臣"是广义的，包括民且主要是民，君民关系自亦是伦理问题，我们在"政治篇"中再讲，这里暂且不提。

第三节"执中行权"，语出《尽心上》："执中无权，犹执一也，所恶于执一者，为其贼道也，举一而废百也。"孟子讲中道，但该怎样就怎样，因此反对执一不化的死道。"执中行权"，也就是儒家讲的"经"与"权"之关系问题，"经"是原则，"权"是变通。如何处理这其中微妙的关系，颇能反映出中国古人的智慧。本节的内容较杂，有家庭的，也有朝廷的，涉及到一些伦理上或伦理与法律之间的两难问题，且看孟子怎么解答。

1. 父子有亲

本节第一段选自"齐桓晋文之事"章，说"推恩"，即先从家里人做起，所谓"老吾老以及人之老，幼吾幼以及人之幼"。中国人重家族主义，家庭伦理与上层建筑密不可分，孟子的王道仁政也是从这里起步的。做大王的看到禽兽怕死发抖尚且不忍，有没有想到饥寒交迫的老百姓呢？秤一秤，才晓得轻重，量一量，才知道长短，人心这个东西尤其如此。

第二段说孟子葬母。孔子说"生，事之以礼；死，葬之以礼，祭之以礼"（《论语·为政》），体现"慎终追远"的葬礼，历来受到儒家的重视。孟子曾因葬母事而遭鲁国小人臧仓的攻击，说他"后丧逾前丧"（事见上篇第三节首段）。在孟子看来，丧葬是否得当主要看两点：一是规格合不合礼，二是自己有无能力（如财力）。只要条件允许，就应尽力办好，这才算尽了人子的孝心。儒家提倡"厚葬"，遭到墨家的反对，孟子如何应对？则请看本节第五段。

第三段说滕定公去世，滕世子想行三年之丧，结果遭到父老百官反对，阻力很大。在孟子的启发下，他认识到做事情首先要看自己做得怎样，这其中本人的信心、意志起很大作用。结果他把丧事办得很好。

第四段说五伦，即人伦的五个方面。人有人道，吃饱穿暖了、住得舒服了，要是不教育，也跟禽兽差不多。圣人为此忧虑，便派契去管教育，要人们懂得做人的道理。这其中，父子、君臣、夫妇、长幼、朋友的关系最要紧，其原则就是有亲、有义、有别、有叙、有信。是为"五伦"。

第五段记孟子与墨家学者夷之的辩论。朱熹《集注》认为，夷之引《尚书·康诰》"若保赤子"是"援儒而入于墨"，以证明墨家"爱无差等"的正确；夷之说"爱无差等，施由亲始"则是"推墨而附于儒"，以证明他自己厚葬父母也没错。孟子的反驳是：爱自己的侄子和爱邻人的婴儿还是有差别的，"若保赤子"只是打个比方：老百姓因无知而犯法，就

孟子庙中有关孟母教子的碑刻

像婴儿因无知而向井里爬去，是人都会怜悯，但并非"爱无差等"。父母生我养我，这是"一本"，先爱父母，再推己及人，所以爱有差等。墨家说的"爱无差等"违背常情，落入"二本"。

第六段是孟子对齐国廉士陈仲子的批评，认为仲子之"廉"不近人情，并且连他本人也不能完全履行这种操守，只有把人变成蚯蚓才能办到。

第七段说事亲守身。《孝经·开宗明义章》说："身体发肤，受之父母，不敢毁伤，孝之始也。立身行道，扬名于后世，以显父母，孝之终也。夫孝，始于事亲，中于事君，终于立身。"也就是说，如果一个人自己不能谨守节操，陷于不义，那就会连累父母，这就是极大的不孝了。此外，孟子还强调事奉父母不能仅仅满足于"口体"之养，更重要的是顺从

父母的意愿——"养志"。孔子说:"今之孝者,是谓能养。至于犬马,皆能有养;不敬,何以别乎!"(《论语·为政》)

第八段说仁义礼智乐。孟子认为这五者中,仁义最为重要,而仁义的实质就是孝顺父母、敬爱兄长。其余三者,不过围绕仁义展开。

第九段说大孝。孟子认为孝道的关键还在于使父母心情愉悦。

第十段说养生送死,孝道重丧。

第十一段说父子责善最伤感情。匡章是齐国大将,在齐威王时曾大败秦兵,齐宣王时曾率兵取燕。关于匡章"子父责善"的原委,据《战国策·齐策一》记载:匡章的母亲触犯了他父亲,父亲一怒之下杀了母亲,埋在马栈下面,父子关系因此弄僵。齐威王时,匡章奉命帅军抗秦,凯旋后,威王替他安葬了母亲。匡章是孟子的朋友,孟子同情他的处境,认为匡章不在乎别人的非议。

第十二段仍说孝道。孟子将舜作为大孝的楷模,因为他到五十岁还怀恋父母。

第十三段再说齐国廉士陈仲子。孟子批评他重小节而失大节。

第十四段仍说君子推恩,爱有差等。

第十五段恐怕是针对某事有感而发,所以会说"吾今而后知"。从上下文的意思看,大概与当时血亲复仇之风颇盛有关。

第十六段说曾皙喜欢吃羊枣,曾子就不忍吃羊枣而吃烤肉,所以不能因为烤肉比羊枣好吃就说曾子不够孝顺,相反他考虑到父亲的嗜好,这就叫做"养志"。

（孟子对齐宣王曰）："老吾老以及人之老，幼吾幼以及人之幼，天下可运于掌。《诗》云：'刑于寡妻①，至于兄弟，以御于家邦。'言举斯心加诸彼而已。故推恩足以保四海，不推恩无以保妻子。古之人所以大过人者，无他焉，善推其所为而已矣。今恩足以及禽兽，而功不至于百姓者，独何与？权，然后知轻重；度，然后知长短。物皆然，心为甚。王请度之。"

——《梁惠王上》

---

① 《诗》：《诗经·大雅·思齐》。刑：通型，示范。寡妻：嫡妻。

孟子自齐葬于鲁，反于齐，止于嬴①。

充虞请曰②："前日不知虞之不肖，使虞敦匠事③。严④，虞不敢请。今愿窃有请也：木若以美然⑤。"

曰："古者棺椁无度，中古棺七寸，椁称之⑥。自天子达于庶人，非直为观美也，然后尽于人心。不得⑦，不可以为悦；无财，不可以为悦。得之为有财⑧，古之人皆用之，吾何为独不然？且比化者无使土亲肤⑨，于人心独无恔乎⑩？吾闻之也，君子不以天下俭其亲。"

——《公孙丑下》

---

① 孟子自齐葬于鲁：孟子在齐国做官，母亲去世，归葬于鲁。嬴：齐国南部邑名。
② 充虞：孟子弟子。
③ 不肖：不才。敦：督办。匠事：制作棺木。
④ 严：忙碌。
⑤ 木：棺木。若以美：似乎太好。
⑥ 棺：内棺。椁：外棺。无度：没有规定的厚度。称：相称。
⑦ 不得：没有资格用上等棺木。
⑧ 为：并且。
⑨ 比：为。化者：死者。
⑩ 恔：快意。

　　滕定公薨①，世子谓然友曰②："昔者孟子尝与我言于宋，于心终不忘。今也不幸至于大故，吾欲使子问于孟子，然后行事。"

　　然友之邹问于孟子。

　　孟子曰："不亦善乎！亲丧，固所自尽也③。曾子曰：'生，事之以礼；死，葬之以礼，祭之以礼，可谓孝矣。'诸侯之礼，吾未之学也。虽然，吾尝闻之矣：三年之丧，齐疏之服，飦粥之食④，自天子达于庶人，三代共之。"

　　然友反命，定为三年之丧。父兄百官皆不欲，曰："吾宗国鲁先君莫之行⑤，吾先君亦莫之行也，至于子之身而反之，不可。且《志》曰⑥：'丧祭从先祖。'曰吾有所受之也。"

　　谓然友曰："吾他日未尝学问，好驰马试剑。今也父兄百官不我足也，恐其不能尽于大事，子为我问孟子。"

　　然友复之邹问于孟子。

　　孟子曰："然，不可以他求者也。孔子曰：'君薨，听于冢宰⑦。歠粥，面深墨⑧，即位而哭，百官有司莫敢不哀，先之也。'上有好者，下必有甚焉者矣。君子之德，风也；小人之德，草也。草尚之风，必偃⑨。是在世子。"

　　然友反命。

　　世子曰："然，是诚在我。"

　　五月居庐⑩，未有命戒。百官族人可，谓曰知。及至葬，四方来观之，颜色之戚，哭泣之哀，吊者大悦。

——《滕文公上》

---

①　滕定公：文公之父。薨：诸侯去世叫薨。
②　世子：太子。然友：世子之傅。
③　尽：尽心。
④　三年之丧：儒家提倡子女为父母、臣子为国君守孝三年。齐疏之服：缝边的粗布丧服。飦粥：厚的叫飦，稀的叫粥。
⑤　宗国：鲁国祖先周公较同姓诸侯为长，故名。
⑥　《志》：礼书。
⑦　冢宰：宰相。

⑧ 歠：饮。深墨：深黑。
⑨ 尚：通上。僵：倒。
⑩ 五月居庐：古礼，诸侯死后五月下葬，葬前世子当居丧庐。

人之有道也，饱食、暖衣、逸居而无教，则近于禽兽。圣人有忧之①，使契为司徒②，教以人伦：父子有亲，君臣有义，夫妇有别，长幼有叙，朋友有信。

——《滕文公上》

① 有：通又。
② 契：商朝祖先。

墨者夷之因徐辟而求见孟子①。孟子曰："吾固愿见，今吾尚病，病愈。我且往见。"夷子不来。

他日，又求见孟子。孟子曰："吾今则可以见矣。不直②，则道不见，我且直之。吾闻夷子墨者，墨之治丧也，以薄为其道③。夷子思以易天下，岂以为非是而不贵也？然而夷子葬其亲厚，则是以所贱事亲也。"

徐子以告夷子。

夷子曰："儒者之道，古之人若保赤子④，此言何谓也？之则以为爱无差等⑤，施由亲始。"

孟子曰："夫夷子信以为人之亲其兄之子若亲其邻之赤子乎？彼有取尔也：赤子匍匐将入井，非赤子之罪也。且天之生物也，使之一本，而夷子二本故也。盖上世尝有不葬其亲者，其亲死，则举而委之于壑。他日过之，狐狸食之，蝇蚋姑嘬之⑥。其颡有泚，睨而不视⑦。夫泚也，非为人泚，中心达于面目，盖归反蘽梩而掩之⑧。掩之诚是也，则孝子仁人之掩其亲，亦必有道矣。"

徐子以告夷子。夷子怃然⑨，为间⑩，曰："命之矣。"

——《滕文公上》

① 墨者：墨家学者。夷之：人名。徐辟：孟子弟子。
② 直：直言。
③ 薄：薄葬，墨家反对厚葬。
④ 若保赤子：爱民如子；赤子，婴儿。
⑤ 爱无差等：墨家主张"兼爱"，认为爱人不能有亲疏远近的差别。
⑥ 蚋：蚊子；姑嘬：叮咬。
⑦ 泚：出汗。睨而不视：斜着眼睛不敢正视。睨，斜视。
⑧ 虆：藤筐，用来盛土。梩：木臿，用来掘土。
⑨ 怃然：茫然自失的样子。
⑩ 为间：过了一会。命之：教我。

　　匡章曰①："陈仲子岂不诚廉士哉？居於陵，三日不食，耳无闻，目无见也。井上有李，螬食实者过半矣，匍匐往，将食之，三咽然后耳有闻，目有见②。"

　　孟子曰："于齐国之士，吾必以仲子为巨擘③。虽然，仲子恶能廉？充仲子之操④，则蚓而后可者也。夫蚓，上食槁壤，下饮黄泉⑤。仲子所居之室，伯夷之所筑与？抑亦盗跖所筑与⑥？所食之粟，伯夷之所树与？抑亦盗跖所树与？是未可知也。"

　　曰："是何伤哉？彼身织屦，妻辟纑⑦，以易之也。"

　　曰："仲子，齐之世家也；兄戴，盖禄万钟⑧。以兄之禄为不义之禄而不食也，以兄之室为不义之室而不居也，辟兄离母⑨，处于於陵。他日归，则有馈其兄生鹅者，己频顣曰：'恶用鶂鶂者为哉⑩？'他日，其母杀是鹅也，与之食之。其兄自外至，曰：'是鶂鶂之肉也。'出而哇之。以母则不食，以妻则食之；以兄之室则弗居，以於陵则居之。是尚为能充其类也乎？若仲子者，蚓而后充其操者也。"

——《滕文公下》

① 匡章：齐国大将，孟子友人。
② 陈仲子：齐人，又称於陵仲子。於陵：齐国地名。螬：金龟子的幼虫。将

食: 拿来吃。
③ 巨擘: 大拇指, 喻拔尖人物。
④ 充: 扩充。
⑤ 槁壤: 干土; 黄泉: 地下泉水。
⑥ 盗跖: 春秋时的大盗, 柳下惠之弟。
⑦ 辟纑: 绩麻搓线。
⑧ 盖: 地名, 仲子之兄陈戴的封地。
⑨ 辟: 同避。
⑩ 己: 指仲子。频顣: 皱眉。鶂鶂: 鹅叫声。

　　孟子曰:"事孰为大? 事亲为大; 守孰为大? 守身为大。不失其身而能事其亲者, 吾闻之矣, 失其身而能事其亲者, 吾未之闻也。孰不为事? 事亲, 事之本也; 孰不为守? 守身, 守之本也。曾子养曾皙①, 必有酒肉; 将彻, 必请所与②; 问有余, 必曰有。曾皙死, 曾元养曾子③, 必有酒肉; 将彻, 不请所与; 问有余, 曰亡矣④, 将以复进也。此所谓养口体者也。若曾子, 则可谓养志也。事亲若曾子者可也。"

　　　　　　　　　　　　　　　　　　　　——《离娄上》

① 曾皙: 名点, 孔子学生, 曾子(名参)之父。
② 彻: 通撤, 撤除。必请所与: 必定请示剩下的给谁。
③ 曾元: 曾子之子。
④ 亡: 通无。

　　孟子曰:"仁之实, 事亲是也; 义之实, 从兄是也。智之实, 知斯二者弗去是也; 礼之实, 节文斯二者是也①; 乐之实, 乐斯二者, 乐则生矣, 生则恶可已也②, 恶可已, 则不知足之蹈之手之舞之。"

　　　　　　　　　　　　　　　　　　　　——《离娄上》

① 节文: 调节修饰。
② 恶可已: 哪里停得下来。已, 止。

孟子曰:"天下大悦而将归己,视天下悦而归己,犹草芥也,惟舜为然。不得乎亲,不可以为人;不顺乎亲,不可以为子。舜尽事亲之道而瞽瞍厎豫①,瞽瞍厎豫而天下化;瞽瞍厎豫②而天下之为父子者定,此之谓大孝。"

——《离娄上》

① 瞽瞍:舜父,屡次要谋害舜而未遂。
② 厎豫:厎,致;豫,乐。

孟子曰:"养生者不足以当大事,惟送死可以当大事①。"

——《离娄下》

① 送死:送终。

公都子曰:"匡章,通国皆称不孝焉。夫子与之游,又从而礼貌之,敢问何也?"

孟子曰:"世俗所谓不孝者五,惰其四支,不顾父母之养,一不孝也;博弈好饮酒,不顾父母之养,二不孝也;好货财、私妻子,不顾父母之养,三不孝也;从耳目之欲,以为父母戮①,四不孝也;好勇斗很以危父母②,五不孝也。章子有一是乎?夫章子,子父责善而不相遇也③。责善,朋友之道也;父子责善,贼恩之大者。夫章子,岂不欲有夫妻子母之属哉?为得罪于父,不得近,出妻屏子,终身不养焉。其设心以为不若是,是则罪之大者,是则章子已矣。"

——《离娄下》

① 从:通纵。戮:耻辱。
② 很:通狠。
③ 不相遇:合不来。

万章问曰："舜往于田①,号泣于旻天②,何为其号泣也?"

孟子曰："怨慕也③。"

万章曰："'父母爱之,喜而不忘;父母恶之,劳而不怨④。'然则舜怨乎?"

曰："长息问于公明高曰⑤:'舜往于田,则吾既得闻命矣。号泣于旻天,于父母,则吾不知也。'公明高曰:'是非尔所知也。'夫公明高以孝子之心,为不若是恝⑥:我竭力耕田,共为子职而已矣⑦,父母之不我爱,于我何哉?帝使其子九男二女⑧,百官牛羊仓廪备,以事舜于畎亩之中,天下之士多就之者,帝将胥天下而迁之焉⑨。为不顺于父母,如穷人无所归。天下之士悦之,人之所悦也,而不足以解忧;好色,人之所欲,妻帝之二女,而不足以解忧;富,人之所欲,富有天下,而不足以解忧;贵,人之所欲,贵为天子,而不足以解忧。人悦之、好色、富贵,无足以解忧者,惟顺父母可以解忧。人少,则慕父母;知好色,则慕少艾⑩;有妻子,则慕妻子;仕则慕君,不得于君则热中。大孝终身慕父母,五十而慕者,予于大舜见之矣。"

——《万章上》

① 舜往于田:相传舜曾耕于历山。
② 号泣:哭诉。旻天:苍天。
③ 慕:依恋。
④ 劳:忧。
⑤ 长息:公明高弟子。公明高:曾子弟子。
⑥ 恝:无忧无虑的样子。
⑦ 共:通供。
⑧ 九男二女:相传尧派九个儿子服事舜,又把两个女儿嫁给他。
⑨ 胥:尽。
⑩ 少艾:年轻貌美的人。

孟子曰:"仲子①,不义与之齐国而弗受,人皆信之,是舍箪食豆羹之义也。人莫大焉亡亲戚君臣上下②。以其小者信其大者③，奚可哉？”

——《尽心上》

① 仲子：陈仲子。
② 亡：通无。
③ 小者：舍箪食豆羹。大者：亡亲戚君臣上下。

孟子曰："君子之于物也，爱之而弗仁；于民也，仁之而弗亲。亲亲而仁民，仁民而爱物。"

——《尽心上》

孟子曰："吾今而后知杀人亲之重也：杀人之父，人亦杀其父；杀人之兄，人亦杀其兄。然则非自杀之也，一间耳①。"

——《尽心下》

① 一间：差不多。间，隔。

曾晳嗜羊枣①，而曾子不忍食羊枣。公孙丑问曰："脍炙与羊枣孰美②？"

孟子曰："脍炙哉！"

公孙丑曰："然则曾子何为食脍炙而不食羊枣？"

曰："脍炙所同也，羊枣所独也。讳名不讳姓③，姓所同也，名所独也。"

——《尽心下》

① 羊枣：果名，又叫牛奶柿，初生色黄，成熟后变黑，像羊屎。
② 脍炙：细切的烤肉。炙，烤肉。
③ 讳名：古人不直呼、直写尊长之名，叫做避讳。

"儒"最初是"术士"（参看章太炎《国故论

衡·原儒》），职责为祭祀祖先、办理丧事、担当司仪，殷商时就有，甲骨文中"需"字即其本字。到了西周，"儒"又添了教贵族子弟"六艺"的工作，隶属于"司徒之官"。西周亡，"学在官府"不再，学术下移，儒纷散于各地，较多集中于文化较发达的齐鲁之地。一些人继续从事"六艺"的教授，更多则凭借其熟悉礼仪的本领，从事赞礼、相礼，尤其是婚丧礼之业。

"儒"之成"学"、名"家"，始自孔子，儒之重视并熟悉祭祖、治丧、教育等传统不仅为孔子所继承，且深刻影响到他的思想。

孔子思想很丰富，但其核心不外"仁"与"礼"。"礼"是"周礼"，即社会和政治的规范、秩序，最突出的是等级制度。孔子主张以礼治国，但在他的时代，礼已僵化，徒具形式，所以他慨叹："礼云，礼云，玉帛云乎哉？乐云，乐云，钟鼓云乎哉？"（《论语·阳货》）礼是一种象征，其背后还应有本质的、具有生命力的东西，这东西孔子就把它叫做"仁"，所以他说："人而不仁如礼何？人而不仁如乐何？"（《论语·八佾》）孔子以"仁"作为"礼"的基础，那究竟何为"仁"？孔子的解释宽泛多变，每次讲解都不尽一致。这不奇怪，因为在他看来"仁"是人的体验及实践，既很难也不必从概念上去明确界定，更无需理论论证，所以他只是根据不同场合、不同的人而做出不同的回答。

在我看来，孔子诸多解"仁"之语，以"爱人"（《论语·颜渊》）两字为最吃紧。后来孟子讲"仁者爱人"（《离娄下》），是照着孔子说的。"仁"字从人、从二，本义是二个人。《国语·周语下》有"言仁必及人"，《中庸》有"仁者人也"，孟子也说"仁也者，人也"
（《尽心下》），都指出"仁"与人有关。"仁"就是指人
与人的关系，人与人能发生关联至少须二人以上，否
则无法建立关系。孔子言仁，是从其本义出发的。

一个人来到这世界上，最先与之发生的无疑是血
缘关系，即首先是与父母及兄弟姐妹之间的亲情。这
种亲情关系儒家术语简称为"父子"，其遵循的原则是
"孝悌"。"孝悌"是对在下位者而言的，即子女对父
母要"孝"，弟妹对兄姐要"悌"。实际上即称关系，
那总是双向的、对应的，所以父母对子女是"慈"，
兄姐对弟妹是"良"，这即儒家一贯强调的"父慈子
孝"、"兄良弟悌"，其主旨不外一个"爱"字。

必须指出，孔孟等原儒提倡"亲亲"之爱，乃是
发之于人的本性，但后世也有一些矫揉造作的陋儒，
把这种亲情加以异化，提出了不少极其荒谬的所谓
"孝行"，典型的就是《二十四孝》，如什么"郭巨埋
儿"、"王祥卧冰"、"吴猛饱蚊"、"黔娄尝粪"之类，
这与孔孟以"亲亲"为本的仁爱精神是背道而驰的。

儒家认为，"父子"血缘关系是人与人关系的基
础、起点，孔子的学生有若说："君子务本，本立而
道生。孝弟（悌）也者，其为仁之本与！"（《论语·学
而》）这个"本"，不仅是根本，更是出发点。因为人
会长大、要进入社会，于是逐渐地又会生出君臣、
夫妇、长幼、朋友等一系列人与人之间的关系，而处
理这些关系的原则是把"孝悌"这种爱人精神向外
"推"。

所谓"推"，用孔子的话说是"能近取譬，可谓仁
之方也"（《论语·雍也》），亦即将心比心、推己及

人，譬如"己所不欲，勿施于人"（《论语·卫灵公》），"己欲立而立人，己欲达而达人"（《论语·雍也》）。而孟子的"推恩"则说得更明白、也更远："仁之实，事亲是也"；"老吾老以及人之老，幼吾幼以及人之幼"；"亲亲而仁民，仁民而爱物"。仁的实质就是事奉父母双亲；从爱戴自己长辈的体会中推广出也应爱戴别人的长辈，从呵护自己孩子的体会中推广出也应呵护别人的孩子；从亲爱自己的双亲中推广出爱所有的人，从爱所有的人中推广出爱自然界的万物。后来宋儒张载的《西铭》中有"民吾同胞，物吾与也"的"民胞物与"说，就是对孟子思想的引申和发挥。

总之，"仁"的出发点是承认别人和你是一样的人，它是处理人与人关系的最基本的准则。孔孟的"仁"作为伦理思想，可以涵盖一切善良的品德和行为，其他所有的德目都从属于"仁"的范畴，如：忠、义、恕、信、恭、宽、敏、惠、智、勇等。"仁"不仅表现为对人的爱，也表现为一种区别善恶的智慧。仁虽可以有各种不同的表现，但本质上却是个人生命内在价值的体现，是个人对理想生活的执着追求。仁的精髓就是"做人之道"，即做好一个人。即使是一个很平常人，只要顺着自己的善性，在自己的生活中、从具体的事情中，去学习、去做，就能达到做人之道，实现仁的原则。一旦人能把握了仁的精神，就能领悟到在一个既定的环境中自己应该做些什么和怎么去做。孔子和孟子都认为，通过仁，就可以建立起一个理性的社会秩序。这种秩序以伦理为法，以个人修养为本，以道德来施政，而个人的道德修养是政治昌明、社会稳定的基础。

　　诚然，孔孟的这种思想不乏浓郁的理想主义色彩，而现实世界却一直并不那么理想。但他们相信道德的力量，相信教化的作用，相信文化历史的传统，相信人与人之间能够建立起一种道德标准，相信国与国之间也应该有某种必须遵循的道德原则，这不能不说是一种令人敬佩的、远距离的智慧。某些个人或国家也许会全然无视甚至藐视这种智慧，但作为整体的人类不会也不能这么做，否则他离自己的灭亡就不远了!

　　讲了儒家的"仁"和"孝悌"，再略讲一下儒家所谓的"三年之丧"：

　　"守丧"，古时亦称"服丧"、"居丧"、"守制"、"丁忧"等，它本来是远古时人们为了表达对于死去亲人哀悼之情的一种习俗，后来渐渐成为一种礼制，最后则成了强制规定的国家法律制度。按儒家的观点，"三年之丧"乃是指子女为父母、妻妾为夫、诸侯为天子，臣子为国君的守丧期。"三年之丧"始于何时？孟子认为在夏、商、周三代已然。已知最早记载"三年之丧"的上古文献是《左传》，《左传》记鲁昭公十一年时，叔向曾对昭公不行"三年之丧"大加非议。但征诸史实，"三年之丧"在孟子时代还不流行，否则滕国的父兄百官不会这么反对滕世子，而反对的理由之一竟是儒风最盛的鲁国也从来不行"三年之丧"。从现有的资料来看，我们只能说，"三年之丧"在周代或有实行，但决不普遍。只是儒家学者非常强调，孔子认为，"夫三年之丧，天下之通丧也"（《论语·阳货》）。孔子去世后，弟子们都守丧三年，子贡则守丧六年（参见《史记·孔子世家》）。孟子重"三年之丧"已见本节。荀子在其《礼论》中对"三年之丧"有较详细的论述，还提出"三年之丧"实际是"二十五月而毕"，即二年又一个月，最后一个月代表一年。秦始皇统一中国后，曾规定"臣为君服斩衰三年"（见《晋书·礼志中》）。汉代起，"三年之丧"逐渐流行起来。王莽改制，"三年之丧"开始大行。进入东汉后，"三年之丧"在民间也开始流行起来。到了唐宋时期，守丧制度就全面法律化了。

2. 君臣有义

本节第一段说君臣职守。孟子最后一问,极其厉害,"王顾左右而言他",七个字,极其传神,写尽了齐宣王无颜以对的尴尬情景。

第二段说"汤武革命"。齐宣王认为儒家既然强调等级秩序,不许以下犯上,就没有理由赞成"汤武革命",所以他的提问带挑衅性。但孟子大义凛然,回答只听说过周武王诛杀了独夫殷纣,没有听说过他是以臣弑君(是诛不是弑,一字褒贬)。不知宣王感受如何,书上虽无记载,但情形可以想见。

第三段说礼贤。孟子认为治国需要贤才,不幸自己学非所用,齐王不仅"顾左右而言他",还想教别人都听他的话,这令孟子非常失望。所以,唯一的选择大概也只有走人了。不久,"齐人伐燕",孟子阻止宣王"取燕"不成,终于决定离开齐国,那是后话。

第四段说"不召之臣"。孟子觉得齐王不够礼貌,所以故意不去谒见,这在常人看来似乎过分。但孟子说:"朝廷莫如爵,乡党莫如齿,辅世长民莫如德。"齐王怎能凭着爵位就轻视有德君子的道德呢?

第五段仍说君臣职守。平陆大夫孔距心知道灾荒之年百姓受苦受难,可赈灾与否是由齐王决定的,他作不了主。孟子认为,既然作不了主,就应该辞职。孔距心认了错,后来齐王听说此事,也认了错。朱熹《集注》引陈氏语曰:"孟子一言,而齐之君臣,举知其罪,固足以兴邦矣。然而齐卒不得为善国者,岂非说而不绎,从而不改故邪?"就是说,承认错误是一回事,是否改正又是一回事。

第六段说"不在其位,不谋其政"。蚳鼃的职责就是进言,无奈齐王不听,只好辞职。至于孟子,本是齐国的"客卿",按清儒焦循的说法是"师宾",并无具体职责,因此他的出处进退就很有回旋的余地了。

第七段仍说礼贤。君主对贤人要有诚意,否则纵使挽留,又有多大意思,不过是块招牌。来客不去劝说齐王改变态度,却用空话挽留孟子,又怎么留得住呢?

第八段说尹士因不了解孟子的志向,所以对他"三宿出昼"的行为大加非议,后来知道了孟子的初衷,终于明白自己是小人之心。历史上有不少人曲解此事,最典型的要数南宋初的郑厚。他在《艺圃折衷》一书中大骂孟子"卖仁义",说:"孟轲抱纵横之具,饰以仁义,行鬻于齐。齐王酬之以客卿,且曰:我欲中国而授孟子室,养弟子以万钟。轲意齐王不知价者,遂愚齐王,求极所索而后售。齐王徐而思轲之言曰:王如用予,则齐王犹反掌,开辟以来无是理,是必索高价者,悔而不酬。轲亦觉齐王之稍觉也,卷而不售,抱以之他。徐而自思曰:齐王之酬我,其值矣!矫然不售,行将安鬻?迟迟吾行,三宿出昼,冀齐王呼己而还直。是又市井贩妇,行鬻鱼盐果菜之态,京师坐鬻犹有体。小儿方啼而怒,进以饭,推而不就;俟其怒歇而饥也,睨然望人进之矣。轲之去齐、留齐,儿态也夫!"(南宋余允文《尊孟辨》引)郑厚诬蔑孟子"卖仁义",说他做买卖还不如市井贩妇,只能算是喜怒无常的"小儿",可谓极尽垢骂之能事。朱熹的评价是:"诋孟子未有若此言之丑者!虽欲自绝,而于日月何伤乎?有不必辨矣!"

第九段说孟子不见诸侯,弟子陈代认为这是拘泥小节,劝老师"枉尺直寻",委屈一尺,伸直八尺,结果遭到批评。孟子认为一开始就不讲礼节迁就诸侯,那以后势必处处让步,又谈什么志向和主张?而且,自己不正直的人从来就没有能让别人正直的。

第十段说读书人做官,就像庄稼人种田,一个要带礼物,一个要带农具,但也不是随随便便就去做官的,必须符合礼节,否则便是下贱。

第十一段说"殷鉴",主张君臣效法尧舜,各尽其道。

第十二段说"正君心"。孟子认为,天下治乱,与统治者的德行联系在一起,尤其与作为最高统治者的国君关系最为密切,因此"格君心之非"就成为非常重要的事情。只要最高统治者本身行为端正了,一个国家也就能治理好了。所以儒家历来都强调要"正君心",认为正君心就可正百官,而正百官则可正万民,由此天下也就得到了治理。

第十三段，孟子在君臣关系上又说了重话，令齐宣王很不舒服，所以故意提出臣下为君上服丧这个问题来难孟子。孟子答以"三有礼"，并不点名地批评了当时君上对臣下的态度多属"寇仇"之类，所以不服丧没什么不对。

第十四段说礼贤贵在用贤，其次才是奉养，并且奉养也要符合礼节，否则与蓄养狗马并无不同。按赵岐"章指"的说法，此章是"孟子上陈尧舜之大法，下刺缪公之不宏"。

第十五段，孟子认为虽然同是公卿，也有亲疏之别。与国君有血缘关系的公卿，因与祖宗基业有关，所以不能"去"，极端情况更有另立新君的权力。朱熹《集注》云："贵戚之卿，小过非不谏也，但必大过而不听，乃可易位。异姓之卿，大过非不谏也，虽小过而不听，已可去矣。"

第十六段通过对慎子的批评，反对穷兵黩武的政治。

第十七段说良臣与民贼，亦是孟子反战思想的体现。孟子认为那些为国君攻城掠地的今之"良臣"，实际是些"民贼"。

第十八段提出君子出仕的三条原则，按赵岐的概括，"听言为上；礼貌次之；困而免死，斯为下矣。"其中的第三条中的"可受"是"可就"的意思，即仅为免死而就，到免除饥饿后，还是要去的。

第十九段以古喻今，认为君主应该礼贤，不要自恃权位；士人应该乐于大道，不为权势所屈。

第二十段说伊尹曾放逐新君太甲，太甲改过以后又被伊尹接回来做王。公孙丑之问隐含有对伊尹以下犯上的批评，但是孟子看重动机，认为伊尹这么做出于公心，所以不算违背原则。

孟子谓齐宣王曰："王之臣，有托其妻子于其友而之楚游者①，比其反也②，则冻馁其妻子③，则如之何？"

王曰："弃之。"

曰："士师不能治士④，则如之何？"

王曰："已之⑤。"

曰："四境之内不治，则如之何？"

王顾左右而言他。

——《梁惠王下》

① 之：往。
② 比：及。
③ 馁：饿。妻子：妻儿。
④ 士师：法官。士：法官的下属。
⑤ 已：罢免。

齐宣王曰："汤放桀，武王伐纣①，有诸？"

孟子对曰："于《传》有之②。"

曰："臣弑君可乎？"

曰："贼仁者谓之贼③，贼义者谓之残。残贼之人，谓之一夫④。闻诛一夫纣矣，未闻弑君也。"

——《梁惠王下》

① 汤放桀：汤，商朝开国君主；桀，夏朝末代君主；放，流放。《尚书》说"成汤放桀于南巢"。武王伐纣：商朝末年，周武王出兵伐纣，纣王兵败自焚。
② 《传》：史传。
③ 贼（前）：害。
④ 一夫：独夫。

孟子见齐宣王曰："为巨室，则必使工师求大木①。工师得大木，则王喜，以为能胜其任也。匠人斲而小之②，则王怒，以为

64

不胜其任矣。夫人幼而学之，壮而欲行之，王曰：'姑舍女所学而从我③'，则何如？今有璞玉于此④，虽万镒⑤，必使玉人雕琢之。至于治国家，则曰：'姑舍女所学而从我'，则何以异于教玉人雕琢玉哉？"

——《梁惠王下》

---

① 工师：工匠的主管官。
② 斲：砍削。
③ 姑：姑且。女：通汝，你。
④ 璞玉：未经雕琢的玉石。
⑤ 万镒：极言其贵重。一镒，合二十两，一说二十四两。

孟子将朝王，王使人来曰："寡人如就见者也①，有寒疾，不可以风；朝将视朝②，不识可使寡人得见乎？"

对曰："不幸而有疾，不能造朝。"

明日，出吊于东郭氏③。公孙丑曰："昔者辞以疾，今日吊，或者不可乎？"

曰："昔者疾，今日愈，如之何不吊？"

王使人问疾，医来。孟仲子对曰④："昔者有王命，有采薪之忧⑤，不能造朝。今病小愈，趋造于朝，我不识能至否乎？"使数人要于路⑥，曰："请必无归，而造于朝。"

不得已而之景丑氏宿焉⑦。景子曰："内则父子，外则君臣，人之大伦也。父子主恩，君臣主敬。丑见王之敬子也，未见所以敬王也。"

曰："恶！是何言也！齐人无以仁义与王言者，岂以仁义为不美也？其心曰：'是何足与言仁义也'云尔，则不敬莫大乎是。我非尧舜之道不敢陈于王前，故齐人莫如我敬王也。"

景子曰："否，非此之谓也。《礼》曰：'父召，无诺；君命召，不俟驾⑧。'固将朝也，闻王命而遂不果，宜与夫礼若不相似然。"

曰："岂谓是与？曾子曰：'晋、楚之富，不可及也。彼以其富，我以吾仁；彼以其爵，我以吾义，吾何慊乎哉⑨！'夫岂不义而曾子言之？是或一道也。天下有达尊三⑩：爵一，齿一，德一。朝廷莫如爵，乡党莫如齿，辅世长民莫如德。恶得有其一以慢其二哉！故将大有为之君，必有所不召之臣，欲有谋焉则就之。其尊德乐道，不如是，不足与有为也。故汤之于伊尹，学焉而后臣之，故不劳而王；桓公之于管仲，学焉而后臣之，故不劳而霸。今天下地丑德齐⑪，莫能相尚⑫。无他，好臣其所教，而不好臣其所受教。汤之于伊尹，桓公之于管仲，则不敢召。管仲且犹不可召，而况不为管仲者乎！"

——《公孙丑下》

① 如：当。
② 朝将视朝：你若来朝见，我就临朝。
③ 东郭氏：齐国大夫。
④ 孟仲子：孟子堂兄弟，学于孟子。
⑤ 采薪之忧：婉辞，表示生病。
⑥ 要：拦截。
⑦ 景丑氏：齐国大夫。
⑧ 无诺：不等答应就去。不俟驾：不等车驾好。
⑨ 慊：不足。
⑩ 达尊：天下公认为尊贵的东西。
⑪ 丑：同。
⑫ 尚：超过。

孟子之平陆①，谓其大夫曰②："子之持戟之士，一日而三失伍③，则去之否乎？"

曰："不待三。"

"然则子之失伍也亦多矣。凶年饥岁，子之民，老羸转于沟壑，壮者散而之四方者，几千人矣。"

曰："此非距心之所得为也。"

曰："今有受人之牛羊而为之牧之者，则必为之求牧与刍矣④。求牧与刍而不得，则反诸其人乎？抑亦立而视其死与？"

曰:"此则距心之罪也。"

他日,见于王曰:"王之为都者⑤,臣知五人焉。知其罪者,惟孔距心。"为王诵之⑥。

王曰:"此则寡人之罪也。"

——《公孙丑下》

---

① 平陆:齐国边境邑名。
② 大夫:平陆地方官,叫孔距心。
③ 持戟之士:战士。失伍:擅离职守。
④ 牧:牧地。刍:草料。
⑤ 为都者:地方官。
⑥ 诵之:复述和孔距心的谈话。

孟子谓蚔鼃曰①:"子之辞灵丘而请士师②,似也,为其可以言也。今既数月矣,未可以言与?"

蚔鼃谏于王而不用,致为臣而去③。

齐人曰:"所以为蚔鼃则善矣;所以自为,则吾不知也。"

公都子以告④。

曰:"吾闻之也,有官守者,不得其职则去⑤,有言责者,不得其言则去。我无官守,我无言责也,则吾进退,岂不绰绰然有余裕哉?"

——《公孙丑下》

---

① 蚔鼃:齐国大夫。
② 辞灵丘而请士师:辞去灵丘邑令去做治狱官。
③ 致为臣:辞官。
④ 公都子:孟子弟子。
⑤ 不得其职:无法尽职。

孟子去齐,宿于昼①。有欲为王留行者,坐而言。不应,隐几而卧②。

　　客不悦曰："弟子齐宿而后敢言③，夫子卧而不听，请勿复敢见矣。"

　　曰："坐！我明语子。昔者鲁缪公无人乎子思之侧④，则不能安子思；泄柳、申详无人乎缪公之侧⑤，则不能安其身。子为长者虑，而不及子思。子绝长者乎？长者绝子乎？"

——《公孙丑下》

---

① 昼：齐都西南近邑。
② 隐几：靠着坐几。
③ 齐宿：先一日斋戒，以示敬重。齐通斋。
④ 鲁缪公：就是鲁穆公，名显。子思：孔子之孙，名伋。
⑤ 泄柳：鲁缪公时贤人，字子柳。申详：孔子弟子子张之子，子游之婿。

　　孟子去齐。尹士语人曰①："不识王之不可以为汤、武，则是不明也；识其不可，然且至，则是干泽也②。千里而见王，不遇故去，三宿而后出昼③，是何濡滞也？士则兹不悦④。"

　　高子以告⑤。

　　曰："夫尹士恶知予哉？千里而见王，是予所欲也；不遇故去，岂予所欲哉？予不得已也。予三宿而后出昼，于予心犹以为速，王庶几改之！王如改诸，则必反予。夫出昼而王不予追也，予然后浩然有归志。予虽然，岂舍王哉？王由足用为善⑥。王如用予，则岂徒齐民安，天下之民举安。王庶几改之，予日望之！予岂若是小丈夫然哉？谏于其君而不受，则怒，悻悻然见于其面，去则穷日之力而后宿哉？"

　　尹士闻之，曰："士诚小人也。"

——《公孙丑下》

---

① 尹士：齐人。
② 干泽：求禄。

③ 三宿: 住了三晚。

④ 兹不悦: 不悦兹, 对此不满。

⑤ 高子: 孟子弟子。

⑥ 由: 通犹。足用: 足以。

陈代曰①: "不见诸侯, 宜若小然。今一见之, 大则以王, 小则以霸。且《志》曰: '枉尺而直寻', 宜若可为也。"

孟子曰: "昔齐景公田, 招虞人以旌, 不至, 将杀之②。'志士不忘在沟壑, 勇士不忘丧其元', 孔子奚取焉? 取非其招不往也。如不待其招而往, 何哉? 且夫枉尺而直寻者, 以利言也。如以利, 则枉寻直尺而利, 亦可为与? 昔者赵简子使王良与嬖奚乘③, 终日而不获一禽。嬖奚反命曰: '天下之贱工也。'或以告王良。良曰: '请复之。'强而后可, 一朝而获十禽。嬖奚反命曰: '天下之良工也。'简子曰: '我使掌与女乘。'谓王良, 良不可, 曰: '吾为之范我驰驱④, 终日不获一; 为之诡遇⑤, 一朝而获十。《诗》云: "不失其驰, 舍矢如破⑥。"我不贯与小人乘⑦, 请辞。'御者且羞与射者比⑧, 比而得禽兽, 虽若丘陵, 弗为也。如枉道而从彼, 何也? 且子过矣, 枉己者, 未有能直人者也。"

——《滕文公下》

① 陈代: 孟子弟子。

② 田: 打猎。虞人: 猎场管理员。旌: 羽旗。招虞人以旌, 不至: 古代君王有所召唤, 需有相当的信物, 旌是召大夫的, 弓是召士的, 皮冠才是召虞人的, 现在用旌, 所以他不应召。

③ 赵简子: 晋国正卿赵鞅。王良: 晋国驾车能手。嬖奚: 赵简子的宠臣, 名奚。乘: 驾车打猎。

④ 范: 按规范驾车。

⑤ 诡遇: 不按规范驾车。

⑥ 《诗》:《诗经·小雅·车攻》。舍矢: 放箭。破: 中的。

⑦ 贯: 通惯。

⑧ 比: 合作。

周霄问曰①："古之君子仕乎？"

孟子曰："仕。《传》曰：'孔子三月无君，则皇皇如也，出疆必载质②。'公明仪曰：'古之人三月无君，则吊③。'"

"三月无君则吊，不以急乎？"

曰："士之失位也，犹诸侯之失国家也。《礼》曰：'诸侯耕助以供粢盛④，夫人蚕缫以为衣服⑤。牺牲不成⑥，粢盛不洁，衣服不备，不敢以祭。惟士无田，则亦不祭。'牲杀、器皿、衣服不备，不敢以祭则不敢以宴，亦不足吊乎？"

"出疆必载质，何也？"

曰："士之仕也，犹农夫之耕也，农夫岂为出疆舍其耒耜哉？"

曰："晋国亦仕国也，未尝闻仕如此其急。仕如此其急也，君子之难仕，何也？"

曰："丈夫生而愿为之有室，女子生而愿为之有家，父母之心，人皆有之。不待父母之命，媒妁之言⑦，钻穴隙相窥，逾墙相从，则父母国人皆贱之。古之人未尝不欲仕也，又恶不由其道。不由其道而往者，与钻穴隙之类也。"

——《滕文公下》

---

① 周霄：魏国人。

② 无君：不被君主任用。皇皇：惶恐不安的样子。载质：带着见面礼。质通贽。

③ 吊：慰问。

④ 耕助：就是藉田，诸侯每年初春要率群臣到田边象征性地扶犁耕地。粢盛：器皿中的谷物叫粢；已盛在器皿中的谷物叫盛。

⑤ 夫人：指诸侯的正妻。蚕缫：养蚕剥茧抽丝。衣服：指祭服。

⑥ 牺牲：牛羊猪等祭物。成：肥壮。

⑦ 媒妁：媒人。

孟子曰："规矩，方员之至也①；圣人，人伦之至也②。欲为君，尽君道；欲为臣，尽臣道。二者皆法尧舜而已矣。不以舜之所以事尧事君，不敬其君者；不以尧之所以治民治民，贼其民者也。

孔子曰：'道二，仁与不仁而已矣。'暴其民，甚者身弑国亡，不甚则身危国削。名之曰幽、厉③，虽孝子慈孙，百世不能改也。《诗》云：'殷鉴不远，在夏后之世④。'此之谓也。"

——《离娄上》

---

① 至：标准。
② 人伦：人道。
③ 幽、厉：周幽王、周厉王，"幽"、"厉"都是恶谥。
④ 《诗》：《诗经·大雅·荡》。鉴：铜镜。夏后之世：夏朝。

孟子曰："人不足与适也①，政不足间也②，惟大人为能格君心之非。君仁莫不仁，君义莫不义，君正莫不正。一正君而国定矣。"

——《离娄上》

---

① 人：指小人。适（適）：通谪，谴责。
② 间：非议。

孟子告齐宣王曰："君之视臣如手足，则臣视君如腹心；君之视臣如犬马，则臣视君如国人；君之视臣如土芥，则臣视君如寇仇。"

王曰："礼，为旧君有服①，何如斯可为服矣？"

曰："谏行言听，膏泽下于民；有故而去，则君使人导之出疆，又先于其所往②；去三年不反，然后收其田里。此之谓三有礼焉。如此，则为之服。今也为臣，谏则不行，言则不听；膏泽不下于民；有故而去，则君搏执之③，又极之于其所往④；去之日，遂收其田里。此之谓寇仇。寇仇，何服之有？"

——《离娄下》

---

① 旧君：过去事奉过的君主。服：服丧。
② 先于其所往：先派人到他要去的地方布置。

③ 搏执：扣押。

④ 极之于其所往：派人到他去的地方捣乱。极：使⋯⋯穷困。

万章曰："士之不托诸侯①，何也？"

孟子曰："不敢也。诸侯失国而后托于诸侯，礼也。士之托诸侯，非礼也。"

万章曰："君馈之粟，则受之乎？"

曰："受之。"

"受之何义也？"

曰："君之于氓也，固周之②。"

曰："周之则受，赐之则不受，何也？"

曰："不敢也。"

曰："敢问其不敢何也？"

曰："抱关击柝者皆有常职以食于上。无常职而赐于上者，以为不恭也。"

曰："君馈之则受之，不识可常继乎？"

曰："缪公之于子思也，亟问③，亟馈鼎肉。子思不悦。于卒也，摽使者出诸大门之外④，北面稽首再拜而不受⑤，曰：'今而后知君之犬马畜伋。'盖自是台无馈也⑥。悦贤不能举，又不能养，可谓悦贤乎？"

曰："敢问国君欲养君子，如何斯可谓养矣？"

曰："以君命将之⑦，再拜稽首而受。其后廪人继粟⑧，庖人继肉⑨，不以君命将之。子思以为鼎肉使己仆仆尔亟拜也⑩，非养君子之道也。尧之于舜也，使其子九男事之，二女女焉，百官牛羊仓廪备，以养舜于畎亩之中，后举而加诸上位，故曰：王公之尊贤者也。"

—— 《万章下》

① 托：依靠。

② 氓：来自他国的人。周：周济。

③ 亟问: 屡次问候。
④ 于卒: 到最后。摽: 撵走。
⑤ 稽首再拜: 稽首, 叩头到地; 再拜, 拜两次。稽首再拜为凶拜, 表示拒绝;
　 再拜稽首为吉拜, 表示接受。
⑥ 台: 通始。
⑦ 将之: 送。
⑧ 虞人: 仓库管理员。
⑨ 庖人: 厨师。
⑩ 仆仆: 劳累的样子。

齐宣王问卿。孟子曰: "王何卿之问也? "

王曰: "卿不同乎? "

曰: "不同。有贵戚之卿①, 有异姓之卿。"

王曰: "请问贵戚之卿? "

曰: "君有大过则谏, 反覆之而不听则易位②。"

王勃然变乎色。

曰: "王勿异也。王问臣, 臣不敢不以正对③。"

王色定, 然后请问异姓之卿。

曰: "君有过则谏, 反覆之而不听则去。"

——《万章下》

---

① 贵戚之卿: 同姓之卿。
② 易位: 改立。
③ 正: 诚。

鲁欲使慎子为将军①。孟子曰: "不教民而用之, 谓之殃民。殃民者, 不容于尧舜之世。一战胜齐, 遂有南阳, 然且不可②。"

慎子勃然不悦曰: "此则滑釐所不识也。"

曰: "吾明告子。天子之地方千里, 不千里, 不足以待诸侯③; 诸侯之地方百里, 不百里, 不足以守宗庙之典籍。周公之封于鲁, 为方百里也, 地非不足也, 而俭于百里④。太公之封于齐也, 亦为方百里也，地非不足也，而俭于百里。今鲁方百里者五，子以为有王者作，则鲁在所损乎，在所益乎？徒取诸彼以与此，然且仁者不为，况于杀人以求之乎！君子之事君也，务引其君以当道，志于仁而已。"

——《告子下》

① 慎子：慎氏，名滑氂。
② 然且不可：这样尚且不可。
③ 待：接待。
④ 俭：少。

孟子曰："今之事君者皆曰：'我能为君辟土地，充府库。'今之所谓良臣，古之所谓民贼也。君不乡道①，不志于仁，而求富之，是富桀也。'我能为君约与国，战必克。'今之所谓良臣，古之所谓民贼也。君不乡道，不志于仁，而求为之强战，是辅桀也。由今之道，无变今之俗，虽与之天下，不能一朝居也。"

——《告子下》

① 乡：通向。

陈子曰："古之君子何如则仕？"

孟子曰："所就三，所去三。迎之致敬以有礼，言将行其言也，则就之。礼貌未衰，言弗行也，则去之。其次，虽未行其言也，迎之致敬以有礼，则就之。礼貌衰，则去之。其下，朝不食，夕不食，饥饿不能出门户，君闻之，曰：'吾大者不能行其道，又不能从其言也，使饥饿于我土地，吾耻之。'周之①，亦可受也，免死而已矣。"

——《告子下》

① 周：周济。

　　孟子曰："古之贤王好善而忘势①；古之贤士何独不然？乐其道而忘人之势，故王公不致敬尽礼，则不得亟见之②。见且由不得亟③，而况得而臣之乎？"

——《尽心上》

① 势：权势。
② 亟：屡次。
③ 由：通犹。

　　公孙丑曰："伊尹曰：'予不狎于不顺①。'放太甲于桐②，民大悦。太甲贤，又反之，民大悦。贤者之为人臣也，其君不贤，则固可放与？"
　　孟子曰："有伊尹之志则可，无伊尹之志则篡也。"

——《尽心上》

① 狎：亲近。不顺：无礼。
② 太甲：商汤之孙，太丁之子，帝仲壬死，太甲立。桐：地名。

　　君臣关系，在现代找不到其十分确切的对应词。如果广义一点、不严格的解释，大概相当于上下级关系吧？

　　许多人认为，中国古代的君臣关系就是主子与奴仆的关系，它是由儒家造成的。讲这种话的人，要么根本不了解中国的历史与文化，要么就是存心胡说八道。倘若说，君臣关系相当于主奴关系指中古以后的中国，还不能算全错；但说这种关系是由儒家所造成那就大错了，因为这与其说是儒家的思想，不如说主要是法家的思想。

　　先秦儒家的君臣关系，是从其父子"孝慈"关系

中"推"出来的。那个说"孝弟也者其为仁之本与"的
孔子弟子有若，在说这话的前半段中先说了，"其为人
也孝弟，而好犯上者鲜矣；不好犯上而好作乱者，未
之有也"（《论语·学而》）。意思是一个人在家里能行
孝，在岗位上就能尽忠，这可说是儒家"求忠臣于孝
子之门"的出处。当然，法家是不同意这个说法的，可
参看《韩非子·五蠹》。

孔子在政治上虽然主张君主集权，但他反对个人
独裁和大臣专政，更反对绝对专制主义，他主张谏
君，可以批评当政者，因此与法家有很大不同。君臣
关系作为一种人与人的关系，孔子强调：首先是君要
有君的样子，要"身正"，"其身正，不令而行"（《论
语·子路》）；第二，君在使用臣的时候要符合规则，
要合"礼"、待臣以"礼"，"君使臣以礼，臣事君以忠"
（《论语·八佾》）。在这样的前提条件下，作为对应
关系，臣为君做事要"忠"，即忠于职守，尽心尽力。
易言之，假如君使臣不以"礼"，那臣事君也可以不
"忠"。所以，这个"忠"，并不是后世陋儒（或披着儒
者外衣的法家者流）所谓"君要臣死，臣不得不死"的
"愚忠"。

在这一点上，孟子的态度比孔子鲜明得多，"君
之视臣如手足，则臣视君如腹心；君之视臣如犬马，
则臣视君如国人；君之视臣如土芥，则臣视君如寇
仇"；"'臣弑君可乎？'曰：'贼仁者谓之贼，贼义者
谓之残。残贼之人，谓之一夫。闻诛一夫纣矣，未闻
弑君也'。"看，这话说得多痛快！

孟子因齐王对有德之士的态度不合礼，所以故
意不赴召见。这在常人看来似乎有点过分，认为是对

君上不尊。甚至可以说，这也不合孔子的思想。因为"君命召，不俟驾行矣"是孔子所认可的古"礼"（参见《论语·乡党》），而孟子并没有盲目遵从孔子。这一方面说明，到了孟子所处的时代，所谓的古礼确实已不合潮流；另一方面则说明，在政治思想上孟子也确有超越孔子之处。

在孟子看来，读书人应该有人格尊严，读书人对君上的尊重，主要不是表现在趋奉应命这点上，而是表现在敢于批评时政和陈说大道上。孟子在这里实际提出了儒家的一个重要政治理想——"以德抗位"。在孟子看来，作为"天下达尊"的"爵"、"齿"、"德"三者，代表了不同类型的价值标准：在政权系统里，以权力的大小和爵位的高低为标准，而"爵"就是代表；在社会生活和家庭生活中，以年龄的大小和辈份的高低为标准，而"齿"就是代表；但在理国治民这一层面上，就应该以德行的高下为标准，即应该以"德"为本。而且，"德"与"爵"相比，前者更为重要。在《告子上》中，孟子还提出了"天爵"与"人爵"之别，"天爵"指仁义道德，"人爵"指权势地位，前者高于后者。这是孟子对孔子思想的重大突破。孟子"以德抗位"的思想，后来荀子发展为"从道不从君"（《荀子·子道》），汉儒发展为"屈君以伸天"，宋儒发展为"以理抗势"，这里有一脉相承的关联，而其基本的价值取向也是一致的。

当然，无论是"以德抗位"、"从道不从君"，还是"屈君以伸天"、"以理抗势"，这些闪光的思想在中国封建专制统治的漫长时期中，其亮度实在微乎其微，并没有起到什么作用。而敢于真正实践这些思想的极少数人，其结局往往都是悲剧性的，这一现象越往后越明显，到君主专制独裁恶性膨胀的明清时代则达到了极致。所以，问题的关键是，儒家的先哲们虽然对君臣关系如何相处有比较清楚的认识，但他们却始终未能设计出一套有效而完善的制度来落实他们的道理。当然，我们判断某一思想的价值，不能以功利和成效来计。反之，正因为这一思想在实践上的艰难，恰恰反映出了它的价值。

本节中有孟子与齐宣王关于"汤武革命"的讨论，历来引人注目。至于"革命"，我在前一章讲"天命论"时已经提及。可以说，这个思想并不是从孟子时才开始有的，《易·革·彖辞》中也讲："汤武革命，顺乎天而应乎人，革之时大矣哉！""汤武革命"之事，以后也并非无人问津，最出名的，大概要算西汉景帝时《齐诗》博士辕固生与道家学者黄生的那场辩论了。作为儒家学者的辕固生，当然赞同孟子的观点，认为汤武"受命"乃天下归心。黄生则像齐宣王一样，认为"汤武非受命，乃弑也"，即以下犯上。他还振振有词地说：帽子再破还得戴在头上，鞋子虽新只能穿在脚下，上下是不能颠倒的；桀、纣虽无道，还是"君上"，汤、武虽圣，还是"臣下"。这话很绝，且符合逻辑常识，似乎很难驳他。没想到辕固生更绝，把话题一下子转到汉高祖刘邦代秦的合法性上去了。汉景帝本来是偏向黄生的，但他又不能说辕固生错了，否则就等于承认自己的皇位也是不合法的。所以他只好出面制止，也说了一句够水准的话，曰："食肉不食马肝，不为不知味，言学者无言汤武受命，不为愚。"于是争论就此不了了之（事见《史记·儒林列传》）。

　　老实说,孟子的观点,齐宣王不愿听,汉景帝不愿听,中国历史上没有哪个皇帝是愿意听的。但反应最强烈的,还要数明代那个杀人如麻的开国皇帝、独裁暴君朱元璋了。他看到孟子说的这些话(当然不仅仅是这一章,还有如"土芥"、"寇仇"之类的),大为震怒地说:"使此老在今日,宁得免耶!"这只是史书上经过文人修饰过的文言,所以文皱皱的,一不留神还以为他很尊敬孟子,称之为"此老"。我们知道,小和尚出身、后来当强盗、最后当皇帝的朱元璋,大字也识不了几个,根据《明实录》中的许多记载,他临朝问政用的都是大白话,私下里就更不消说了。所以,我试着把他对孟子咬牙切齿的话倒译回来:"这老家伙要在今天,还想活吗!"于是我们也就不难理解,号称"本朝以理学立国"的朱元璋,何以会对程朱等理学家极力推崇的孟子其人其书这么反感。

3. 执中行权

本节第一段讲的道理很平实,就是对于接受别人的礼物要有个合理的说法,合乎道理的,即使少也应该接受;不合乎道理的,再多也不能接受。否则就成了受贿,这是君子所不为的。

第二段记孟子奉命出使,王驩是他的副手。照理说,王驩应事事请示孟子,但他仗着自己是齐王的宠臣,独断专行,所以孟子从不与他谈公事。赵岐在章指中说:"道不合者,不相与言。王驩之操,与孟子殊,君子处时,危行言逊,故不尤之,但不与言。"所谓"危行言逊",就是行为端正,但言语谨慎。孟子的表现就是不理王驩,却不与之争执、论理。孔子说过:"邦无道,危行言逊。"(《论语·宪问》)从孟子一生的行事看,处在无道之世的他并不总是奉行这一原则的,他经常纵横议论、针砭时政、抨击达贵,得理不饶人,言论并未做到"逊"。但此次他却遵循了这个原则,大概是因为这次他有正式职责在身,而不是"师宾"的身分,所以比较谨慎。

第三段,孟子多次劝说齐王不果,早有去齐之意,但因战事起,不便离去,所以拖了不少时日。焦循认为这是"圣贤之道,不为太甚,旁通以情"的表现。

第四段说见不见诸侯要看情况,像段干木和泄柳一个跳墙、一个关门,这就有点过分了。孟子又提到了孔子和阳货的故事(事又见《论语·阳货》),认为阳货要是先去看孔子,孔子哪里会不去回访呢?何必耍花招?最后引曾子和子路的话表明心志:诚者自来,我是不会上来巴结的,那样太累,这就是"不见诸侯之义"。朱熹说:"此章言圣人理义之中正:过之者伤于迫切而不洪,不及者沦于污贱而可耻。"(《集注》)

第五段说的"巨室",是指那些为国人们所敬重和仿效的卿大夫之家。在战国时代,各诸侯国的国政基本都已操纵于这些大家族的手中。所以,孟子认为,国君要想在国内推行"仁政"、"德教",离开了这些大家族的支持，那是很难行得通的，因此国君必须先做好他们的工作。

第六段是淳于髡和孟子关于"经权"的一场辩论，我们放在讲评中再议。

第七段说舜没有事先禀告父母就娶了尧的两个女儿，因为禀告就可能娶不了妻，造成"无后"，成为最大的"不孝"，所以他没有先禀告父母就娶了尧的女儿。在孟子看来，舜的做法可以理解，这也是一种"经"与"权"之间的变通。

第八段说郑国贤相子产以"惠民"闻名，孔子曾多有赞许，如"子谓子产，其养民也惠"（《论语·公冶长》）；"或问子产。子曰：'惠人也'"（《论语·宪问》）。孟子同意以"惠"来评价子产，但又认为他不知如何治国。或许孟子有"求全之毁"的嫌疑，但从另一个角度而言，孟子有他的道理。因为在他看来，作为一个当政者，就不能光着眼于对民众施一些具体的小恩小惠，而更应重视能解决民众根本困难的大恩惠。子产以自己的车子助他人渡河固然是件好事，但如他能让有关部门及时修成桥梁，那不就从根本上解决了民众渡河难的问题了吗？所以，古人有曰："治世以大德，不以小惠。"

第九段说为与不为。人生到处有选择，放弃实际上也是一种选择。

第十段所论似有针对性，但我们已无法知晓孟子在什么场合、对何事或何人而说这番话的。就孟子一贯的言论而言，他倒是经常"言人之不善"的。

第十一段借孔子的行事准则，来说明处理事情应恰如其分。

第十二段"言必信，行必果"，被孔子列为最次一等的"士"的做人原则，属于"硁硁然小人"（《论语·子路》），但作为一般的做人原则也还是可以的。孟子进一步发挥了孔子的思想，认为一个人的言行如果仅仅拘泥于"言必信，行必果"的话，就有可能违背"义"这个更大的原则，所以有德之人的言行是以"义"之所在为原则的。

第十三段很特别：可以拿可以不拿，还是不拿，拿了不干净。可以给可以不给，还是不给，给了没用处。可以死可以不死，还是不死，死了太可惜。从对待这三件事的态度,我们看到孟子是多么自重。

第十四段也讲舜的孝行,其中除前面提到舜"不告而娶"外,还讲了舜的父亲、弟弟不喜欢他、加害于他的一些事,可见舜的原则和灵活确实不同凡响。

第十五段说舜成为天子之后,一方面仍然顾及到兄弟的情分,让一直想谋害自己的弟弟像有一个体面的身分;另一方面则又能坚持原则,不让这个不仁的弟弟有危害民众的可能。这在某种意义上讲,也是"经"与"权"的平衡。

第十六段说具体情况应具体分析及区别对待的重要性。就一般原则而言,礼仪固然要高于、重于饮食和性欲。但事物都是有高下、主次、轻重之分的,因此不能把关涉人之存亡、人之种族延续这样重要的饮食、性欲问题与礼仪之细节这样微不足道的问题相提并论。

第十七段说尧舜时是"什一而税",即税率为十分取一。孟子认为这是理想的税率,过高则损及百姓的利益,过低则无法维持一个国家必要的开支。

第十八段说"执中行权"。中是中道,权是变通,执中无权者死,任权无中者贼。

第十九段说了一个两难问题。孟子认为,首先不能因父子之情而徇私枉法,但又不能因公法而废了父子私情,怎么办?孟子设想的办法就是抛弃王位、带父出逃,逃到政令难达的海边隐居,享受天伦之乐。这实际是孟子对孔子"父为子隐,子为父隐,直在其中矣"(《论语·子路》)思想的发挥。

第二十段讲处事要知当务之急,否则就成了不识大体的人。

陈臻问曰①:"前日于齐,王馈兼金一百而不受②;于宋,馈七十镒而受;于薛③,馈五十镒而受。前日之不受是,则今日之受非也;今日之受是,则前日之不受非也。夫子必居一于此矣。"

孟子曰:"皆是也。当在宋也,予将远行,行者必以赆④,辞曰'馈赆',予何为不受?当在薛,予有戒心⑤,辞曰'闻戒,故为兵馈之⑥',予何为不受?若于齐,则未有处也⑦,无处而馈之,是货之也。焉有君子而可以货取乎⑧?"

——《公孙丑下》

---

① 陈臻:孟子弟子。
② 馈:赠。兼金:上等金,就是好铜。一百:百镒。一镒等于二十两。
③ 薛:齐国靖郭君田婴的封邑。
④ 赆:赠给行者的财物。
⑤ 戒心:当时有人想害孟子,所以防备。
⑥ 兵:兵器。
⑦ 处:理由。
⑧ 货取:收买。

孟子为卿于齐,出吊于滕①,王使盖大夫王驩为辅行②。王驩朝暮见,反齐滕之路,未尝与之言行事也。

公孙丑曰:"齐卿之位,不为小矣;齐滕之路,不为近矣,反之而未尝与言行事,何也?"

曰:"夫既或治之③,予何言哉?"

——《公孙丑下》

---

① 出吊于滕:滕文公去世,孟子奉使到滕国吊丧。
② 王驩:齐王宠臣,时为盖邑大夫。辅行:副使。
③ 治:专断。

孟子去齐,居休①。公孙丑问曰:"仕而不受禄,古之道乎?"

曰:"非也。于崇②,吾得见王,退而有去志,不欲变③,故不受也。继而有师命④,不可以请。久于齐,非我志也。"

——《公孙丑下》

---

① 休:地名。
② 崇:地名。
③ 变:指变其去志。
④ 师命:师旅之命,指战事。

　　公孙丑问曰:"不见诸侯何义?"

　　孟子曰:"古者不为臣不见。段干木逾垣而辟之①,泄柳闭门而不内②,是皆已甚;迫,斯可以见矣。阳货欲见孔子而恶无礼③,大夫有赐于士,不得受于其家,则往拜其门。阳货瞰孔子之亡也④,而馈孔子蒸豚。孔子亦瞰其亡也,而往拜之。当是时,阳货先,岂不得见?曾子曰:'胁肩谄笑,病于夏畦⑤。'子路曰:'未同而言,观其色赧赧然,非由之所知也⑥。'由是观之,则君子之所养,可知已矣。"

——《滕文公下》

---

① 段干木:魏文侯时贤者。逾垣而辟之:翻墙躲避魏文侯。辟通避。
② 泄柳:鲁穆公时贤者。闭门而不内:关门不接待鲁穆公。内通纳。
③ 阳货:阳虎,字货,鲁国权臣。见:召见。无礼:失礼。
④ 瞰:窥。亡:不在。
⑤ 胁肩:耸肩。谄笑:强笑。病于夏畦:比夏天灌园浇水还累。
⑥ 赧赧然:惭愧脸红的样子。由:子路名由。

　　孟子曰:"为政不难,不得罪于巨室①。巨室之所慕,一国慕之;一国之所慕,天下慕之;故沛然德教溢乎四海。"

——《离娄上》

---

① 巨室:大家,世家大族。

淳于髡曰①:"男女授受不亲,礼与?"

孟子曰:"礼也。"

曰:"嫂溺,则援之以手乎?"

曰:"嫂溺不援,是豺狼也。男女授受不亲,礼也;嫂溺,援之以手者,权也②。"

曰:"今天下溺矣,夫子不援,何也?"

曰:"天下溺,援之以道;嫂溺,援之以手。子欲手援天下乎?"

——《离娄上》

---

① 淳于髡:淳于氏,名髡,齐国人,滑稽善辩。
② 权:变通。

孟子曰:"不孝有三①,无后为大。舜不告而娶,为无后也,君子以为犹告也。"

——《离娄上》

---

① 不孝有三:阿意曲从,陷亲不义,一不孝也;家贫亲老,不为禄仕,二不孝也;不娶无子,绝先祖祀,三不孝也。(引东汉赵岐说)

子产听郑国之政①,以其乘舆济人于溱、洧②。孟子曰:"惠而不知为政。岁十一月徒杠成③,十二月舆梁成④,民未病涉也。君子平其政,行辟人可也⑤,焉得人人而济之?故为政者,每人而悦之,日亦不足矣。"

——《离娄下》

---

① 子产:公孙氏,名侨,字子产,春秋时郑国的贤相。
② 乘舆:马车。溱、洧:二水名。
③ 十一月:此用周正,当夏历九月。徒杠:走人的独木桥。
④ 舆梁:走马车的大桥。
⑤ 行辟人:高官出行,要路人回避。辟通避。

孟子曰:"人有不为也,而后可以有为。"

——《离娄下》

孟子曰:"言人之不善,当如后患何?"

——《离娄下》

孟子曰:"仲尼不为已甚者①。"

——《离娄下》

① 已甚:过分。

孟子曰:"大人者,言不必信,行不必果①,惟义所在。"

——《离娄下》

① 果:果断。

孟子曰:"可以取,可以无取,取伤廉。可以与,可以无与,与伤惠。可以死,可以无死,死伤勇。"

——《离娄下》

万章问曰:"《诗》云①:'娶妻如之何?必告父母。'信斯言也,宜莫如舜。舜之不告而娶,何也?"

孟子曰:"告则不得娶。男女居室,人之大伦也。如告则废人之大伦,以怼父母②,是以不告也。"

万章曰:"舜之不告而娶,则吾既得闻命矣。帝之妻舜而不告,何也?"

曰:"帝亦知告焉则不得妻也。"

万章曰:"父母使舜完廪,捐阶,瞽瞍焚廪③。使浚井,出,从而揜之④。象曰⑤：'谟盖都君咸我绩⑥。牛羊父母，仓廪父母，干戈朕，琴朕，弤朕，二嫂使治朕栖⑦。'象往入舜宫，舜在床琴。象曰：'郁陶思君尔。'忸怩⑧。舜曰：'惟兹臣庶，汝其于予治⑨！'不识舜不知象之将杀己与？"

曰："奚而不知也？象忧亦忧，象喜亦喜。"

曰："然则舜伪喜者与？"

曰："否。昔者有馈生鱼于郑子产，子产使校人畜之池⑩。校人烹之，反命曰：'始舍之，圉圉焉，少则洋洋焉，攸然而逝⑪。'子产曰：'得其所哉！得其所哉！'校人出，曰：'孰谓子产智？予既烹而食之，曰得其所哉，得其所哉！'故君子可欺以其方，难罔以非其道。彼以爱兄之道来，故诚信而喜之，奚伪焉？"

——《万章上》

---

① 《诗》：《诗经·齐风·南山》。
② 怼：怨。
③ 完廪：修粮仓。捐阶：抽去梯子。瞽瞍：舜父。
④ 揜：盖，指堵死井口。
⑤ 象：舜的异母弟。
⑥ 谟盖：谋害。盖通害。都君：指舜；传说舜居一地，一年成聚，二年成邑，三年成都。绩：功劳。
⑦ 朕：古人自称。弤：弓名。栖：床。
⑧ 郁陶：思念的样子。忸怩：不好意思。
⑨ 于予治：帮我管理。于，为。
⑩ 校人：管池塘的人。
⑪ 圉圉：不自在。洋洋：自得的样子。攸然：忽然。

万章问曰："象日以杀舜为事，立为天子则放之，何也？"

孟子曰："封之也。或曰放焉。"

万章曰："舜流共工于幽州①，放驩兜于崇山②，杀三苗于三危③，殛鲧于羽山④，四罪而天下咸服，诛不仁也。象至不仁，封之有庳⑤。有庳之人奚罪焉？仁人固如是乎：在他人则诛之，在弟则封之？"

曰："仁人之于弟也，不藏怒焉，不宿怨焉，亲爱之而已矣。亲之，欲其贵也；爱之，欲其富也。封之有庳，富贵之也。身为天子，弟为匹夫，可谓亲爱之乎？"

"敢问或曰放者，何谓也？"

曰："象不得有为于其国，天子使吏治其国而纳其贡税焉，故谓之放。岂得暴彼民哉？虽然，欲常常而见之，故源源而来，'不及贡，以政接于有庳⑥。'此之谓也。"

——《万章上》

---

① 共工：水官，名穷奇。幽州：北方边地。

② 驩兜：尧臣。崇山：南方边地。

③ 三苗：名饕餮，封于三苗。三危：西方边地。

④ 殛：诛。鲧：大禹之父。羽山：东方边地。

⑤ 有庳：地名。

⑥ 不及贡，以政接于有庳：不等朝贡，就以政事为名接待有庳之君。

任人有问屋庐子曰①："礼与食孰重？"

曰："礼重。"

"色与礼孰重？"

曰："礼重。"

曰："以礼食，则饥而死；不以礼食，则得食，必以礼乎？亲迎②，则不得妻；不亲迎，则得妻，必亲迎乎？"

屋庐子不能对，明日之邹，以告孟子。

孟子曰："於答是也何有③？不揣其本④，而齐其末，方寸之木可使高于岑楼⑤。金重于羽者，岂谓一钩金与一舆羽之谓哉⑥？取食之重者，与礼之轻者而比之，奚翅食重⑦？取色之重者与礼之轻者而比之，奚翅色重？往应之曰：'紾⑧兄之臂而夺食之，则得食；不紾则不得食，则将紾之乎？逾东墙而搂其处子⑨，则得妻；不搂，则不得妻，则将搂之乎？'"

——《告子下》

① 任：国名。屋庐子：屋庐氏，名连，孟子弟子。
② 亲迎：古代婚礼，新郎亲自迎娶新妇。
③ 何有：有何，算什么。
④ 揣：量度。
⑤ 岑楼：尖顶高楼。
⑥ 一钩金：制作一枚带钩所需的金子。一舆羽：一车羽毛。
⑦ 奚翅：何止。翅通啻。
⑧ 紾：拗。
⑨ 搂：抱。处子：处女。

白圭曰①："吾欲二十而取一②，何如？"

孟子曰："子之道，貉道也③。万室之国，一人陶④，则可乎？"

曰："不可。器不足用也。"

曰："夫貉，五谷不生，惟黍生之。无城郭、宫室、宗庙、祭祀之礼，无诸侯币帛饔飧⑤，无百官有司，故二十取一而足也。今居中国，去人伦，无君子，如之何其可也？陶以寡，且不可以为国，况无君子乎？欲轻之于尧舜之道者⑥，大貉小貉也；欲重尧舜之道者，大桀小桀也。"

——《告子下》

① 白圭：名丹，曾相魏。
② 二十而取一：指税率二十抽一。
③ 貉：通貊，古代北方少数民族。
④ 陶：制陶。
⑤ 饔飧：早餐叫饔，晚餐叫飧，这里指宴宾之礼。
⑥ 尧舜之道：税率十分抽一。

孟子曰："杨子取为我①，拔一毛而利天下，不为也。墨子兼爱，摩顶放踵利天下②，为之。子莫执中③。执中为近之。执中无权，犹执一也。所恶执一者，为其贼道也，举一而废百也。"

——《尽心上》

① 杨子：名朱。取：主张。
② 墨子：名翟。摩顶放踵：摩秃头顶，直到脚跟。
③ 子莫：鲁国贤人。

　　桃应问曰①："舜为天子，皋陶为士，瞽瞍杀人，则如之何？"
　　孟子曰："执之而已矣。"
　　"然则舜不禁与？"
　　曰："夫舜恶得而禁之？夫有所受之也。"
　　"然则舜如之何？"
　　曰："舜视弃天下犹弃敝蹝也②。窃负而逃，遵海滨而处③，终身䜣然④，乐而忘天下。"

——《尽心上》

① 桃应：孟子弟子。
② 敝蹝：破鞋。蹝通屣。
③ 遵：沿。
④ 䜣然：欣然。

　　孟子曰："知者无不知也，当务之为急；仁者无不爱也，急亲贤之为务。尧舜之知而不遍物，急先务也；尧舜之仁不遍爱人，急亲贤也。不能三年之丧而缌、小功之察①，放饭、流歠而问无齿决②，是之谓不知务。"

——《尽心上》

① 缌、小功：古代五种丧服（斩衰、齐衰、大功、小功、缌麻）中最轻的两种，缌麻三月，小功五月。
② 放饭：大口吃饭。流歠：大口喝汤。问无齿决：讲求不可啃断干肉。古礼，湿肉齿决，干肉手折。

淳于髡是齐国出名的辩士，当时也在齐国的"稷下学宫"。他身"长不满七尺"，生性"滑稽多辩"，所以《史记》把他列入《滑稽列传》。司马迁还说他"博闻强记，学无所主。其谏说，慕晏婴之为人也，然而承意观色为务"（《史记·孟子荀卿列传》）。善于"承意观色"的滑稽大师淳于髡，显然对孟子坚持自己政治原则的做法很不满，认为他迂腐而不知变通，所以存心要给孟子出难题，于是便就有了本节第六段所记录的有趣辩论。

淳于髡不愧是个辩士，他大概熟悉儒家重视并尊行的关于"男女授受不亲"的古礼，因此一上来就抛出一个两难的话题，想扣住孟子。针对淳于髡的这个伦理难题，孟子答以守原则与行变通之间的常理。淳于髡实际想要的也就是这么个答案。所以，他话锋一转，马上点出主题：现在天下正在急难之中，你孟子大人怎么就不伸手援助呢？这一问着实厉害！以子之矛，攻子之盾，意思是你既然这样明理，就不应该死抱原则而不求变通。孟子的回答很巧妙！他首先把伦理问题与政治问题之间的界限分清楚，指出对这两者援救的方法途径是完全不同的，前者援之以"手"，后者只能援之以"道"；然后顺着淳于髡转换话题的做法，反唇相讥，反问他难道"欲手援天下"？把难题扔回给了对方，因为"援天下"只能以"道"而不能以"手"，这同样也是常识。至于"援天下"的"道"是什么"道"呢？孟子这里虽然没有明说，但根据孟子的一贯主张却是很清楚的，那就是"先王之道"、"王道"之"道"。

孟子"嫂溺则援之以手"之说，可谓儒家论"经"

"权"关系的经典之一。儒家主张"执中行权"、"反经行权",即认为在通常情况下应该坚持原则,这就是"执中"、"反经";但不排斥在特殊情况下、在条件允许的范围内,作出适当的调整或变通,这就是"行权"。这里,"经"与"中"指基本原则,也是是非判断;而"权"则是在原则和是非判断基础上所做出的权衡与选择。"经权之辨",不仅是儒家的一个重要思想,也是中国式智慧的一种具体表现,它既有助于我们避免绝对主义,也有助于我们避免相对主义。

"嫂溺援手",关涉的还仅是伦理私事,所以在选择和处理时不能说太难。但本节第十五段"封之有库"、第十九段"窃负而逃",不仅关涉伦理私事,而且还关涉国法公事,所以在选择和处理上要困难得多。尤其是,孟子关于"封之有库"的解释和"窃负而逃"的假设,对不太理解中国历史和儒家思想的现代人而言,恐怕不容易接受。近年来,中国哲学界正在为这个问题打笔仗。缘起是北京师范大学哲学系的刘清平在《哲学研究》2002年第2期发表了《美德还是腐败?——析〈孟子〉中有关舜的两个案例》一文,马上引起了武汉大学哲学系的郭齐勇、复旦大学哲学系的杨泽波、陕西师范大学哲学系的丁为祥等的批评回应,刘清平等又做出了反批评。最近,湖北教育出版社把此次的论战文字和一些中外学者与之相关的文章辑成一书,由郭齐勇主编,取名为《儒家伦理争鸣集——以"亲亲互隐"为中心》,于2004年11月出版。此外,"孔子2000"网站也刊有大多数的论战文字,有兴趣的读者尽可查阅,我就不做仔细介绍了。

我们还是就事论事。"封之有库"之例较为简单,且究竟是"分封"还是"流放"向有不同理解，孟子也只是一己之说。所以我选"窃负而逃"一例来略作分析，看看孟子良苦用心之所在：

舜生活、成长于一个"问题家庭"，"父顽，母嚣，象傲"（《史记·五帝本纪》），不惟其父母偏宠其弟，且其父其弟几同无赖，曾数次阴谋害死舜（参见本节第十四段）。唯其如此，舜的品格才堪称难能（参见本章第一节第十二段），成为儒家的"大孝"楷模。孟子的学生桃应是个够聪明的人，他似乎有意要为难好辩的老师，所以设问凸显了情与法、法与德之间的张力。他设计出了个很绝的问题：假如舜父瞽瞍犯了杀人罪，法官皋陶将如何处置？孟子首先从法律角度回答：抓起来就是了。桃应马上追问：贵为天子的舜难道不阻止？孟子答以法官这样做有法律依据，舜怎能阻止？桃应继续追问：那人称"大孝"的舜又该怎么办？孟子这才从伦理角度来回答：舜把抛弃王位看作如同扔掉双破鞋一般，他偷偷地背起父亲出逃，逃到王法政令难达的海边隐居起来，一辈子享受天伦之乐，高兴得把曾做过天子的事都忘了。

事虽假设，但不能不发人深思。就孟子的想法而言：首先，在法律层面上，作为天子的舜并不拥有比平常人更多的特权，他不能阻止皋陶逮捕瞽瞍并绳之以法，因为法官这样做根据的是"王法"；如果舜因为是自己父亲杀人就阻止法官执法，那他将国家法令又置于何地？更何况这种做法一旦上行下效，他的天下岂不就会大乱？但在伦理层面上，舜是出了名的孝子，偏偏他又是天子，是天下人的双重楷模，假如他积极支持皋陶逮捕并法办瞽瞍，那人们不禁会想：

一个能将自己的父亲都送上断头台的天子,他对天下的老百姓又将会怎样(秦始皇? 那时还没生出秦始皇)? 老百姓还能对他抱什么奢望呢? 更进一步,如果天下人也都上行下效,那父子、母子、兄弟、姐妹、夫妇等各种血缘亲属间的相互告发、相互残害,不也就普遍化了? 这不也会导致天下大乱吗? 所以孟子设计的办法是舜唯有背起他那瞎眼老爸开溜,逃出国家法律管辖的范围(这能叫"腐败"吗?)。乍看起来这似乎是不负责任,实际上却是负起了更大的责任——舜既不愿看到自己父亲受罚,更不愿看到因自己家人的问题而损害到社会伦理,引起整个社会秩序的坍塌。对出逃后的舜,虽然孟子用轻松的语言描述道:"遵海滨而处,终身䜣然,乐而忘天下。"但我们应该能感受到它背后的那份沉重——舜是以自我流放、自绝于社会的方式来替父"埋单"! 由于他不愿放弃父子亲情,所以就必须放弃人间尊位、远离社会、离群索居。这就是代价,但他愿意! 因为天子之位是外在的,可以放弃;而父子亲情是内在的,"无所逃于天地之间";放弃了天子之位仍可以做个人,放弃了父子亲情则不成其为人了。这其实是在哲学——本体论或曰存在论——高度上的一种理解,不能做泛泛之解。

　　一个人,不仅生活在法制的世界,更生活在人伦的世界,对一个人来说,究竟哪个世界更重要? 更根本? 这就成为他的道德与法律之两难(对大多数人说来实际上是不存在这种困惑的)。孟子的设想,当然只是他那个时代、他那派思想家的理想,但它在我们现代社会难道就毫无意义、毫无价值了吗? 我不敢贸然断言。但我十分清楚的知道(因为我在场),

帝舜的画像

在那史无前例的"无产阶级文化大革命"中,人伦亲情完全被所谓的"阶级斗争"取而代之了,在震天价响的"年年讲,月月讲,天天讲"口号下,父子、兄弟、夫妇、师生、朋友间,人人自危,相互"揭发"、"批斗",非置人于死地而后快。而那恰恰正是整个中国社会政治、社会伦理和家庭伦理出现大问题、大危机的时代,称之为"十年动乱"一点不假。

最后顺便提一下,一些既不知中又不懂西的人,以为中国人只会讲伦理亲情,不懂法也不讲法,还是西方人好,他们有法制,不会出现孟子假设的这种状况。那我可以明确告诉你:无论是在古代希腊罗马时代、中世纪基督教传统,还是近代以来的西方资本主义制度，乃至某些现代社会主义国家法律，孟子所说的亲情"容隐"都也是被认可的：游叙弗伦告发父亲杀人，就遭到苏格拉底的谴责（柏拉图《游叙弗伦篇》），这反映了古希腊社会亲属隐罪的观念；古罗马法中关于亲属容隐的规定很多，如家属不得告发家长，尊卑亲属互相告发者则丧失继承权（叛国除外），不得令亲属互相作证，家长或父亲有权不向受害人交出犯法的子女等；近代如《法国刑法典》、《德国刑法典》、《意大利刑法》都明文规定，故意藏匿力谋或实施叛国、内乱外患等重罪之近亲属者不罚；即使在现代社会主义制度下，如前《波兰刑法》、《罗马尼亚刑法》等，也都有相应的法规。有兴趣的读者不妨读读范忠信的《中西法文化的暗合与差异》（中国政法大学出版社，2001版）。

三、学问篇——道不远人

"道不远人"语出《中庸》，据说是孔子之言，全句话是这样的，"子曰：'道不远人，人之为道而远人，不可以为道。'"其大意是：道是不能离开人的，离开了人来行道，那就不可以行道了。我想就用"道不远人"这四个字来代表孟子所主张的学问精神。实际上，它是孔子以后所有儒家学者对"学问之道"的基本体认，并不为孟子所独有。当然，诸儒之间仍还有一些具体的不同。

曾听说过这么一个有关比较文化的说法：古代西方的精神传统注重人与自然的关系，故其学问主要指向知识论；古代印度的精神传统注重人与神的关系，故其学问主要指向宗教神学；古代中国的精神传统注重现实的人与人关系，故其学问主要指向人之为人的伦理学。这个说法当然不够准确，譬如，说重知识论是西方的传统，倘若仅限于古代希腊罗马，那还勉强说得过去，但西方还有其不可或缺的基督教传统，它并不在知识论的范围中。

话说回来，上述观点虽不精确，但作为大而化之的论说，也不能说毫无见地。就中国的精神传统来看，尽管也有追求"自然之道"、"致知之道"的内容，但最大成就无疑在"做人之道"——所谓"安身立命之学"也。中国主流的传统学问，强调通过思问与传习，找到个人在宇宙和社会中的准确位置，能在环境与命运的各种遭际与挑战前作出从容和正确的反映，并保持心灵的安静平和，而最终目标则在于个人精神人格和道德人格的自我树立和自我完成。因此，说中国古代的学问重在做人这一点上，离事实相去并不太远。

本篇分为以下三节：

第一节"求其放心"，语出《告子上》："学问之道无他，求其放心而已矣。"这是孟子在说学问的宗旨。孟子认为，人与禽兽的差异就那么一点点，人如果不想生活得如禽兽一般，唯一的方法就是找回他那"放"出去的良心，而收"放心"也成了他认定的学问之关键。

第二节"深造自得"，语出《离娄下》："君子深造之以道，欲其自得之也。"这是孟子在论学问的方法。孟子认为万事万物的道理先天就具备在人自身之内，这是不学而能的"良能"，不虑而知的"良知"，但人还必须"自反"、"反求诸己"、"反身而诚"。只有"反"了，才能"自得"，否则还是"放"了。

第三节"知人论世"，语出《万章下》："颂其诗，读其书，不知其人，可乎？是以论其世也。"这是孟子在谈学问的境界。学问之道有三境：低级者，能读懂弄通是什么；中级者，能融会贯通用于解释世间事；高级者，能立德立言为万世法。常人多为低者；"知人论世"是其中者，已殊为不易；至于高者就是圣人了，如孔子、佛陀和耶稣。

1. 求其放心

本节第一段，宋国大夫戴盈之虽然知错，但又下不了决心马上改正。孟子就用偷鸡的故事作比喻，告诉他应该知错就改。孟子的说法自然是正确的，但难免给人有操之过急的迫切感觉，因为改革税制事关国家的大政方针，不是一蹴而就的。孟子之所以这么说，那是另有缘由，即在他看来，宋国的君臣根本就不想真正"行王政"，只是嘴上说说而已，一旦要动真格时就推三阻四了，所以他要用严厉的话堵住他们的借口。正因为孟子有这种感觉，因此他在宋国呆得时间不长，所以在《孟子》一书中，我们也找不到他与宋王本人对话的记录。

第二段说"居仁由义"，它在《孟子》书中颇为出名，宋明理学家对此章尤多讨论。按孟子人性本善的理论，"仁"和"义"都是一个人天生就具有的"善端"；而孟子所谓"大丈夫"应居的"广居"、应行的"大道"，也就是"仁"与"义"。所以，一个人如果不把这些"善端"充分发挥出来、不按"仁"、"义"去行事的话，那就是非常可悲的，是自暴自弃。朱熹在其《集注》中强调说："道本固有，而人自绝之，是可哀也！此圣贤之深戒，学者所当猛省也。"

第三段说行"仁政"并不是一件非常困难的事情，也不必到很远的地方去寻求，就从身边的小事做起就可以了。只要人人都能做好身边的每一件小事，那么天下也就可以平治了。

第四段说美貌不如诚心。

第五段说明孔子"仁"的实质。孔子反复说"仁"，但何为"仁"？孔子随人说法，并无定义。他只说这样做是仁，那样做是不仁。孟子则径将"仁"定义为"人心"，即人的"本心"或"良心"。所以孟子认为"学问之道"就是"求其放心"，学习的目的为的是找回自己的良心。

第六段是孟子以切身之事作喻，强调把放失的本心找回来。

第七段用意同上。

第八段强调人的身体和本性都需要得到护养，但两者之间有主次、小大之分，不能颠倒了关系。最后一句的意思是说，也不能因为培养品德就可以饿肚子了，人活着固然不是仅为了吃饭，但为了活着也还需吃饭。

第九段说的"心"就是指人的思维器官了，其功能就是思想、思考或反思。人通过思想、思考、反思，就能得到本就存在于每个人身上的"四端"之心——"良心"或"本心"。这也就是孟子所谓的"求则得之，舍则失之"，"操则存，舍则亡"。这里孟子还提出了"先立其大"的命题，也是"大体"决定"小体"的意思。

第十段说"仁义忠信，乐善不倦"是上天所赋予的"善"性，那是天然的，所以孟子称之为"天爵"；而公、卿、大夫等只是人世间的爵位。按孟子的观点，理想的情况应该是修"天爵"而"人爵"从之，如果因为"人爵"而放弃"天爵"，那就是糊涂透顶的事。

第十一段说就一般而言，仁胜不仁，但遇到具体情况时，还有力量的对比问题，因此不能由于特殊情况而否认一般情况。

第十二段的道理简单明白，可谓是最基本的做人之理。

第十三段，孟子以口腹会受外因影响而偏离正常感觉，来比喻人心也会因受外界影响而偏离其正常状态——"良心"。所以，修养工夫非常重要，尤其是在外界影响严重或外部条件恶劣的情况下。应当注意，末句中的"不及人"，是指在权势、富贵方面的不及人。

第十四段说求道就像走路，本来没有路，一直去走，也便成了路。

第十五段说寡欲。寡欲并不是灭欲，这要分清了，否则的话一定会生出流弊，就如后儒那般。

戴盈之曰①："什一,去关市之征,今兹未能②,请轻之,以待来年,然后已,何如?"

孟子曰："今有人日攘其邻之鸡者③,或告之曰:'是非君子之道。'曰:'请损之,月攘一鸡,以待来年,然后已。'如知其非义,斯速已矣,何待来年?"

——《滕文公下》

① 戴盈之:宋国大夫。
② 今兹:今年。
③ 攘:偷。

孟子曰："自暴者①,不可与有言也;自弃者,不可与有为也。言非礼义②,谓之自暴也;吾身不能居仁由义,谓之自弃也。仁,人之安宅也;义,人之正路也。旷安宅而弗居,舍正路而不由,哀哉!"

——《离娄上》

① 暴:残。
② 非:非毁。

孟子曰："道在迩而求诸远,事在易而求诸难。人人亲其亲,长其长,而天下平。"

——《离娄上》

孟子曰："西子蒙不洁①,则人皆掩鼻而过之。虽有恶人②,齐戒沐浴③,则可以祀上帝。"

——《离娄下》

① 西子:西施,古代美女。
② 恶人:貌丑之人。

③ 齐：通斋。

　　孟子曰："仁，人心也；义，人路也。舍其路而弗由，放其心而不知求，哀哉！人有鸡犬放，则知求之，有放心而不知求。学问之道无他，求其放心而已矣①。"

——《告子上》

---

① 放心：放失的良心。

　　孟子曰："今有无名之指屈而不信①，非疾痛害事也，如有能信之者，则不远秦楚之路，为指之不若人也。指不若人，则知恶之，心不若人则不知恶，此之谓不知类也②。"

——《告子上》

---

① 信：通伸。
② 不知类：不知轻重。

　　孟子曰："拱把之桐梓①，人苟欲生之，皆知所以养之者。至于身，而不知所以养之者，岂爱身不若桐梓哉？弗思甚也。"

——《告子上》

---

① 拱把：拱，两手所围；把，一手所握。此喻树小。桐梓：桐树梓树。

　　孟子曰："人之于身也，兼所爱。兼所爱，则兼所养也。无尺寸之肤不爱焉，则无尺寸之肤不养也。所以考其善不善者，岂有他哉？于己取之而已矣。体有贵贱，有小大①。无以小害大，无以贱害贵。养其小者为小人，养其大者为大人。今有场师，舍其梧槚②，养其樲棘③，则为贱场师焉。养其一指而失其肩背，而不知也，则为狼疾人也④。饮食之人，则人贱之矣，为其养小以失大也。饮食之人无有失也，则口腹岂适为尺寸之肤哉⑤？"

——《告子上》

① 贱、小：指口腹。贵、大：指心志。
② 场师：管林场的人。梧：梧桐。槚：山楸。都是好木材。
③ 樲：酸枣树。棘：荆棘。都是坏木材。
④ 狼疾人：一塌糊涂的人。狼疾，狼藉。
⑤ 岂适：何止。适（適）通啻，止。

公都子问曰："钧是人也①，或为大人，或为小人，何也？"

孟子曰："从其大体为大人，从其小体为小人②。"

曰："钧是人也，或从其大体，或从其小体，何也？"

曰："耳目之官不思，而蔽于物。物交物，则引之而已矣。心之官则思，思则得之，不思则不得也。此天之所与我者。先立乎其大者，则其小者不能夺也。此为大人而已矣。"

——《告子上》

① 钧：通均。
② 大体小体：大体，心；小体，耳目之类。

孟子曰："有天爵者，有人爵者。仁义忠信，乐善不倦，此天爵也；公卿大夫，此人爵也。古之人修其天爵，而人爵从之。今之人修其天爵，以要人爵；既得人爵，而弃其天爵，则惑之甚者也，终亦必亡而已矣。"

——《告子上》

孟子曰："仁之胜不仁也，犹水胜火。今之为仁者，犹以一杯水救一车薪之火也；不熄，则谓之水不胜火，此又与于不仁之甚者也,亦终必亡而已矣。"

——《告子上》

　　孟子曰:"无为其所不为,无欲其所不欲,如此而已矣。"

——《尽心上》

　　孟子曰:"饥者甘食,渴者甘饮,是未得饮食之正也①,饥渴害之也。岂惟口腹有饥渴之害?人心亦皆有害。人能无以饥渴之害为心害,则不及人不为忧矣。"

——《尽心上》

---

① 正:常。

　　孟子谓高子曰:"山径之蹊间介然①,用之而成路;为间不用②,则茅塞之矣。今茅塞子之心矣。"

——《尽心下》

---

① 山径之蹊:山坡小路。间介然:狭窄的样子。
② 为间:隔些时候。

　　孟子曰:"养心莫善于寡欲。其为人也寡欲,虽有不存焉者①,寡矣;其为人也多欲,虽有存焉者,寡矣。"

——《尽心下》

---

① 存:指保存善性。

　　　　古代汉字中的通假字很多,如"知"与"智",先秦时它们就是一个字——"知"。"知"之义有三：一是认知、知道，作动词；二是知识，作名词；三是聪明、智慧，作形容词或名词。如孔子说："知之为知之，不知为不知，是知也。"（《论语·为政》）前两句中的"知"都是第一义，最后那个"知"是第三义，应该读去声。

在先秦诸子中，道家是"反知"的。如老子认为："慧智出，有大伪"（《老子·十八章》）；"绝圣弃智"、"绝学无忧"（《老子·十九章》）；"为学日益，为道日损"（《老子·六十五章》）等。庄子在《养生主》中更有一段名言："吾生也有涯，而知也无涯。以有涯随无涯，殆已！已而为知者，殆而已矣！"认为人的生命有限而认识对象无限，以有限的生命去追求无限对象的认识必然会陷入困境。老、庄的观点自有他们言之成理的一套解释，这里不去多说。

儒家的见解与道家不同。儒家认为学习知识、增长智慧，也是人生的一个重要价值取向。所以，"智"（知）成为儒家的"五常"之一。我们知道，孔子以好学著称，他"十有五而志于学"，以后曾师从过多人，"于周则老子；于卫，蘧伯玉；于齐，晏平仲（婴）；于楚，老莱子；于郑，子产；于鲁，孟公绰"（《史记·仲尼弟子列传》），再加据说他在周曾向苌宏问乐、在鲁曾向师襄子学琴，真可谓是不名一师。至于孔子主张"学而不厌"、"学而时习之"、"学则不固"、"学如不及"、"敏而好学，不耻下问"、"博学于文"……如此等等，那都是大家耳熟能详的名言。孔子重视"仁"，但他也认为光有"仁"是不够的，指出："好仁不好学，其蔽也愚。"（《论语·阳货》）所以，"知"在

105

孔子那里受到高度重视，他常把"知"和"仁"对举，如"知者乐水，仁者乐山；知者动，仁者静；知者乐，仁者寿"（《论语·雍也》）；"知者不惑，仁者不忧，勇者不惧"（《论语·子罕》）。

孔子所讲的学，就科目而言，是"六艺"，首先即周朝官学传统的"礼、乐、射、御、书、数"（《周礼·地官·大司徒》）。至于"受业身通者"，大概要学更高层次的"六艺"——《诗》、《书》、《礼》、《乐》、《易》、《春秋》，所以孔子曾为此化了很大精力去整理古籍，编订教科书，经孔子删（《诗》）、编（《书》）、订（《礼》）、正（《乐》）、论（《易》）、修（《春秋》）的这些"教材"，以后就成了儒家的"六经"（有关这些方面的具体知识，我们留待第五篇再讲）。

就学的性质及方法而言，是"四教"，"子以四教：文、行、忠、信。"（《论语·述而》）"四教"按清儒刘宝楠的解释："文，谓诗书礼乐，凡博学、审问、慎思、明辨，皆文之教也。行，谓躬行也。中以尽心曰忠，恒有诸己曰信。人必忠信，而后可致知力行。故曰：忠信之人，可以学礼。此四者，皆教成人之法。"（《论语正义·述而第七》）用现代话说其大义是，"文"指古代文献，"行"指社会实践，"忠"和"信"是指道德品质。

就学的目的而言，则是学做君子和学做官。学做君子，就是孔子说的"学者为己"（《论语·宪问》），"为己之学"就是学会如何修身养性而使自己成为一个有德君子。学做官，就是孔子高足子夏说的"学而优则仕"（《论语·子张》），即在成为君子后还要学会如何推己及人，把自己的德性推向百姓、泽及百姓。这两者总括起来，就是孔子说的"修己以安人"、"修己以安百姓"（《论语·宪问》），也即后来《大学》中展开的"正心、诚意、修身，齐家，治国，平天下"，或《庄子·天下》中说的"内圣外王之道"（"内圣外王"并非儒家独有）。

从上可知，儒家讲学习知识、增长智慧的"学"，与我们今天所讲的"学"有很大区别。如果用现代学科分类来说，儒家讲的主要是经、史、哲、文等人文学科，而不是数、理、化、生等自然科学。孔子虽也曾说过学《诗》可以"多识鸟兽草木之名"（《论语·阳货》），在《论语》中，我们也读到孔子讲观天、看地、察物，如讲川河流逝（《论语·子罕》）、讲众星拱北辰（《论语·为政》）、讲唐棣之花开合（《论语·子罕》）等，但孔子讲这些有关自然方面的内容，其用意主要是在借物喻人、借自然以明人事。他讲"逝者如斯"是强调人应珍惜时间；讲"譬如北辰"是喻国君当用德治；讲"唐棣之华，偏其反而"是喻行"权"合"道"。所有这些内容，就思想性来看都有其相当的价值，但对自然科学本身的发展则没有什么益处，这是不言而喻的。

正因为孔子重视的只是"修己安人"之学，所以他的学生樊迟想学稼、学圃，结果就被孔子骂作是"小人"（见《论语·子路》）。自然科学在儒家学者的眼里，即使不被排斥的话，也充其量只是"小技"、"小道"。孔子学生子夏说过，"虽小道，必有可观者焉，致远恐泥，是以君子不为也。"（《论语·子张》）"小道"虽也有可观之处，但深入研究会"玩物丧志"，所以君子是不学的。在子夏看来，"贤贤易色，事父母能竭其力，事君能致其身，与朋友交，言而有信，虽曰未学，吾必谓之学也。"（《论语·学而》）即尊贤人而轻女色、侍奉父母尽力、为上级办事忠心、交朋友讲诚信，这才叫学问！可真是"道不远人"啊！

说到这里，就不能不提一下宋明儒争论不休的关于"格物致知"问题。"格物致知"语出儒经《礼记》的《大学》篇，其中"八条目"首列的就是"格物"和"致知"二目。宋明儒中的程（颐）朱（熹）一派，在工夫论上强调"格物穷理"。按他们的观点，"格物穷理"在一开始并不排斥穷"物理"，即可以包含研究具体事物、认识客观知识、把握自然规律等等。由此，遭到了陆（九渊）王（阳明）一派的反对。他们认为孟子讲"学问之道"就是"求其放心"、就是"反身而诚"，"格物"的实质就是"格心"、就是向内求而不是向外求。实际上，程朱一派从来没有反对过向内求。他们只是认为，"天下只有一个理"（程颐语），"理"在人心，也在事物，"物理"、"性理"、"人理"、"伦理"等的"理"，只是作为本体之"理"的具体表现，这就叫做"理一而分殊"。天下之"理"既然是相通的，而做人之"理"又很抽象的，缺乏形式，难以认识；而外界事物当其变化时有比较明显的迹象可寻，所以其"理"相对容易认识，通过格物认识"物理"，再举一反三、触类旁通、反身内求，"人理"就容易把握了。因此，程朱"格物致知"论最终还是要落实到"明善"上，落实到向内反思的自我认识上。他们所谓的"格物致知"，本质上是人文理性而非工具理性的，其指向的还是经学、史学、哲学、文学而非自然科学，尽管程朱认为在为学的初级阶段不排斥追求客观知识，但其倾向于重伦理道德而轻客观知识还是显而易见的。

通过上面简单的叙述，我们也就不难理解中国主流的文化传统为什么会忽视乃至看轻自然科学。

2. 深造自得

本节第一段说"深造自得",做人为学都要有本,否则妄随人转,难免轻薄。

第二段讲博约关系。博学详述为的是能加深理解,一旦融会贯通了,也就能执简驭繁。

第三段指出不符合实际的名声就如同无源之水,那是为君子所不耻的。

第四段谈交友。孟子认为,不但要和乡、国、天下的善士为友,还应上友古人,这就需要"知人论世",把具体的人放到当时的社会历史背景中去考察,然后才能理解他为什么要这么说,这么做。

第五段讲学习必须要有高标准、严要求。学技艺如此,学做人更应如此。

第六段的意思是说,孟子他所不屑于去教诲的人如果有所感悟,改过从善,那也就起到了教诲的作用;如果此人毫无感悟,那教又有何益呢?

第七段讲做事当善始善终,不可半途而废。

第八段讲因材施教。

第九段讲与上段是关联的。教育者固然应该因材施教,而受教育者也必须充分发挥自己的主观能动性,所以君子不会因为某个受教育者的才能、悟性低下而改变原则、降低要求。

第十段照应第六段。

第十一段说师傅只能带进门,修行如何还得靠自己。

第十二段是孟子批评当时的许多统治者,自己还糊里糊涂,什么都不明白,却又要担负教化民众的重大责任。"以其昏昏,使人昭昭"后来成为一句著名成语,用来讽刺那些一知半解、不懂装懂而又好为人师、想教导别人的人。

第十三段是孟子对杨、墨之徒的态度。孟子对杨、墨的严厉众所周知，但对脱离杨、墨学派之人却采取既往不咎的态度。此章就是针对当时儒家中有人对已脱离杨、墨学派之人仍抓住不放的批评。

第十四段讲孟子对学生的态度，孟子所重视的是学生本人的主观选择。

第十五段认为仁、义、礼、智"四端"是人与生俱来的"良心"、"本心"，是不虑而知、不学而能的"良知"、"良能"，只要把它们扩充、推广，就可以成为一个真正的人。

第十六段讲道理往往在平常的言语中，操守应该从自身做起，想要求别人就先要求自己。

　　孟子曰:"君子深造之以道,欲其自得之也。自得之,则居之安;居之安,则资之深①;资之深,则取之左右逢其原②。故君子欲其自得之也。"

　　　　　　　　　　　　　　　　　　　　——《离娄下》

① 资:积蓄。
② 原:通源。

　　孟子曰:"博学而详说之,将以反说约也。"

　　　　　　　　　　　　　　　　　　　　——《离娄下》

　　徐子曰①:"仲尼亟称于水曰:'水哉,水哉②!'何取于水也?"

　　孟子曰:"源泉混混,不舍昼夜,盈科而后进,放于四海③。有本者如是,是之取尔。苟为无本,七八月之间雨集,沟浍皆盈;其涸也,可立而待也。故声闻过情④,君子耻之。"

　　　　　　　　　　　　　　　　　　　　——《离娄下》

① 徐子:孟子弟子徐辟。
② 亟:屡次。
③ 混混:滚滚。舍:停。盈科:注满坑洼。放:直到。
④ 声闻:名誉。情:实。

　　孟子谓万章曰:"一乡之善士斯友一乡之善士,一国之善士斯友一国之善士,天下之善士斯友天下之善士。以友天下之善士为未足,又尚论古之人①。颂其诗,读其书,不知其人,可乎?是以论其世也②。是尚友也。"

　　　　　　　　　　　　　　　　　　　　——《万章下》

① 尚:通上。
② 世:时代。

　　孟子曰："羿之教人射，必志于彀①，学者亦必志于彀。大匠诲人，必以规矩，学者亦必以规矩。"

——《告子上》

---

① 志：期望。彀：满弓。

　　孟子曰："教亦多术矣①，予不屑之教诲也者，是亦教诲之而已矣。"

——《告子下》

---

① 术：方法。

　　孟子曰："有为者辟如掘井，掘井九轫而不及泉①，犹为弃井也。"

——《尽心上》

---

① 轫：通仞，七尺为仞。

　　孟子曰："君子之所以教者五：有如时雨化之者，有成德者，有达财者①，有答问者，有私淑艾②者。此五者，君子之所以教也。"

——《尽心上》

---

① 财：通材，才能。
② 私淑艾：就是私淑，指让人私下取法。

　　公孙丑曰："道则高矣，美矣，宜若登天然，似不可及也。何不使彼为可几及而日孳孳也①？"

孟子曰:"大匠不为拙工改废绳墨,羿不为拙射变其彀率②。君子引而不发③,跃如也,中道而立,能者从之。"

——《尽心上》

① 几:近。孳孳:努力的样子。
② 绳墨:用绳濡墨打直线的工具。彀率:张弓的标准。
③ 引而不发:张弓但不发箭。

公都子曰:"滕更之在门也①,若在所礼而不答,何也?"

孟子曰:"挟贵而问,挟贤而问,挟长而问,挟有勋而问,挟故而问,皆所不答也。滕更有二焉。"

——《尽心上》

① 滕更:滕君之弟。

孟子曰:"梓匠轮舆能与人规矩①,不能使人巧。"

——《尽心下》

① 梓匠轮舆:泛指木工。规矩:圆规、曲尺,用来校正方圆,这里指准则。

孟子曰:"贤者以其昭昭,使人昭昭;今以其昏昏,使人昭昭。"

——《尽心下》

孟子曰:"逃墨必归于杨,逃杨必归于儒。归,斯受之而已矣。今之与杨、墨辩者,如追放豚①,既入其苙②,又从而招之③。"

——《尽心下》

① 放豚: 走失的猪。
② 苙: 猪圈。
③ 招: 绊脚。

孟子之滕, 馆于上宫①。有业屦于牖上②, 馆人求之弗得。或问之曰: "若是乎从者之廋也③?"

曰: "子以是为窃屦来与?"

曰: "殆非也。"

"夫予之设科也, 往者不追, 来者不拒。苟以是心至, 斯受之而已矣。"

——《尽心下》

① 上宫: 上舍。
② 业屦: 没有织完的草鞋。
③ 从者: 跟随孟子的学生。廋: 藏匿。

孟子曰: "人皆有所不忍, 达之于其所忍, 仁也; 人皆有所不为, 达之于其所为, 义也。人能充无欲害人之心, 而仁不可胜用也; 人能充无穿逾之心①, 而义不可胜用也; 人能充无受尔汝之实②, 无所往而不为义也。士未可以言而言, 是以言餂之也③; 可以言而不言, 是以不言之餂也, 是皆穿逾之类也。"

——《尽心下》

① 穿逾: 挖洞跳墙, 喻盗窃。
② 尔汝: 本为尊长对卑幼的称呼, 此喻轻贱。
③ 可以: 可与。餂: 挑引取利。

孟子曰: "言近而指远者, 善言也; 守约而施博者①, 善道也。君子之言也, 不下带而道存焉②; 君子之守, 修其身而天下平。人病舍其田而芸人之田③，所求于人者重，而所以自任者轻。"

——《尽心下》

① 施：恩惠。
② 带：腰带。不下带：古人视不下带，此喻常见之事。
③ 芸：通耘，除草。

上节讲评谈了中国主流文化传统重研究人文而轻研究自然的问题，这仅是就儒家的总体取向而言的。对孟子说来，这还不够，应该讲得更直截了当、更简明扼要——"智"就是"是非之心"，"学问之道无他，求其放心而已矣"。一切学问，说到底无非就在人的这个"心"！所以，孟子就不像孔子那样重视学礼习乐、重视读书，甚至还说"尽信《书》则不如无《书》"（《尽心下》）。有学者做过这么一个统计：《论语》中"学"字凡64见，约占全书的0.5%；《孟子》的篇幅大于《论语》，但其中"学"字仅32见，占全书的0.09%。这大概也可算是孟子不如孔子重视和强调学习的一个"量化指标"吧？

孟子的这一思想，在很长时间里并不为大多数儒家学者所重视，原因主要是荀子之学太盛了。荀子重视学习，在第一篇中已经提过，不多说。荀子其人学问博洽，在齐国"稷下学宫"三为"祭酒"（学宫长），因而在当时诸多学者中"最为老师"，被尊为"卿"。荀子精通诸经，对儒家经学的"传经"有很大的贡献。应劭《风俗通》尝谓："孙卿善为《诗》、《礼》、《易》、《春秋》。"清儒汪中作《荀卿子通论》，认为"荀卿之学，出于孔氏，而尤有功于诸经"（汪中《述学·补遗》）。所以，荀子一向被认为是孔子后儒家

"学统"之所自出，而孟子只是孔子后儒家"道统"的首席代表。后来汉武帝"罢黜百家，表章六经"，儒学虽取得了高出于任何诸子的"独尊"地位，但此时儒学的表现形式主要是经学，重心性之学的思孟一派不为儒者看重。情况一直要到宋代才开始发生变化。

宋明时代，儒学演变为理学，孟子其人其书开始当令，孟子思想也得到了充分的阐扬，而孟子关于学问的基本看法——"反身而诚"、"反求诸己"、"求其放心"等——则被理学中陆王一派全盘接受并尽情发挥。

如在公元1175年（南宋淳熙二年）的江西上饶铅

心学创始人陆九渊

山 "鹅湖之会"上，陆九渊批评朱熹的 "格物穷理"的 "道问学"是繁琐、是支离破碎，只有他 "发明本心"的 "尊德性"才是 "易简工夫"。当然，朱熹则反过来批评陆九渊 "失之太简"，有佛教禅宗 "明心见性"的味道，是空疏，是 "师心自用"。

　　而王阳明起先则崇拜朱熹，曾 "遍读考亭（朱熹）之书"。他遵循朱熹的说法认真去做 "格物穷理"的工夫，与朋友一起 "格"亭前的竹子，从早到晚对着一片竹林冥思苦索，想 "格"出竹子的 "理"，结果坚持七天后病倒了。后来他被贬谪到贵州龙场当驿丞，在某一天晚上突然顿悟，终于洞彻了 "格物"的道

心学集大成者王守仁

理，即一切"知"和"理"都在我"心"中，天下本无物可"格"。于是，形成了他"心外无理"、"心外无物"、"格物"即"格心"、"知行合一"、"致良知"的"心学"思想体系。

由于突出强调"心"的作用，陆、王认为，为学目的只在于实现人的道德境界，而人的"良心"就是道德根源，只要扩充完善人的"良心"即可，而读书学习并不能直接有助于达到这一目的，甚至儒家经典也不过是对"良心"运用的各种例证做出的叙述。所以，"学苟知本，六经皆我注脚"（陆九渊语）；"六经者非他，吾心之常道也"（王阳明语）。他们的理由很简单，尧、舜时代还没有书籍，尧、舜不照样成为"圣人"。换句话说，一个人大字不识一个照样堂堂正正做个人；一个人读了许多书，连一撇一捺的"人"字都"不识"，因为他把人之为人的那一点"良心"给丢了，成了个衣冠禽兽。所以结论就是读书学习与人的道德增进没有必然联系，"成圣成贤"的途径主要不是通过读书学习，学问之道就在于"发明本心"（陆），就在于"致良知"（王）。

从这里可以引申出"知识"与"德性"何者更重要的问题，这在中国传统文化中叫做"才性论"。"才"指才能知识，"性"指道德品性。儒家"崇德"，尽人皆知；法家重"才"，强调"聪察强毅"。三国时的曹操下"唯才是举"令，这是他的用人标准，即只看其才能如何，德性如何则不重要，就是"盗嫂受金"也无关紧要（见《三国志·武帝纪》）。易言之，无论鸡鸣狗盗、城狐社鼠之徒，只要有用就行。在稍后盛行的魏晋玄学中出现所谓的"才性"之辩，形成四派观点：傅嘏主"才性同"，李丰主"才性异"，钟会主"才性合"，王广主"才性离"。各种观点在当时都有很强的针对性，不必细述。到宋代，这个问题又引起学者的重视，司马光的《才德论》及其《资治通鉴》中论"智伯之亡"可谓代表。按司马光的观点：最理想的当然是德才兼备，但那是"圣人"境界，常人很难"全尽"。此外则可分三类：一是"德胜才"——"君子"；一是"才胜德"——"小人"；一是"才德兼亡"——"愚人"。在上位者若要用人，德才兼备自是首选，但可遇不可求；其次是君子，最次是愚人；而小人则万万不可用。原因是："君子挟才以为善，小人挟才以为恶。挟才以为善者，善无不至矣；挟才以为恶者，恶亦无不至矣。愚者虽欲为不善，智不能周，力不能胜，譬如乳狗搏人，人得而制之。小人智足以遂其奸，勇足以决其暴，是虎而有翼者也，其为害岂不多哉！"（《资治通鉴》卷一）司马光这是在影射当时的王安石"变法"，意即王安石就是个"有才无德"的"小人"。司马光的影射固不足取，其结论亦不无片面处，但其言却不能说毫无道理，至少它揭示了一个事实：才能、知识与道德间并无必然联系。这也就是后来陆九渊、王阳明的观点。

由此想到英国的哲学家培根的那句反复为人引用的话——"知识就是力量"，此话一出，德国的哲学家康德就出来纠偏，提出"德性才是力量"。这与中国先哲们所讨论的实际是性质一样的问题。但可惜的是，人们往往记住了培根的名言，却忘记了康德的名言，更忘记了问一问这个"力量"究竟是善的还是恶的。因为知识是中性的，善人能用恶人同样能用，如电脑知识可以帮助人做许多好事，但同样能帮助人做许多坏事。所以，知识只有在德性的规范下，才能真正成为促进人类社会进步的有益力量；反之，不在德性规范下的知识，也可能成为人类社会有害的邪恶力量。而所谓的德性规范，其主体不就是人吗！在当今世界上，知识渊博、精明能干却道德败坏、无恶不作的人，大家还见得少吗？

但再反过来想一想，难道就如孟子、陆九渊、王阳明说的，成就一个人的道德品性就能完全代替他的知识学习和能力培养了吗？恐怕不行！孔子早就指出了，"好仁不好学，其蔽也愚"，历史也屡次证明了此点。就拿明代中后期来说吧，由于王阳明无限夸大了人的主观精神作用，将人们的注意力完全引向人的内心世界，从而助长了明后期不务实际学风的盛行。而那些"王学"的末流，"束书不观，游谈天下"，只讲求所谓"向上一机"的直悟"本体"，以为满街走的真都是"圣人"，而对那些具体而微的"下学"工夫嗤之以鼻，最终则流于清谈、坐忘乃至"狂禅"、"野狐禅"。他们这群人，"平时袖手谈心性"，整日高谈"天理良心"、"危微精一"、"道德性命"、"良知本体"等空而不实的玄虚之论，而置四海穷困、国计民生、社稷江山于不顾。当李自成、张献忠等农民暴动纷起，满洲铁骑踏破山海关之际，他们中的少数人只能以"临危一死报君王"的"死节"来显示自己平日的"修为"，而多数人则作鸟兽散，更有人还辫子一留去清廷做官了——如《桃花扇》中的那个"才子"侯方域。正因如此，明清改朝换代之际，许多学者纷纷反思并清算理学之弊，强调"实事"、"实功"、"实

121

学", 讲求"天下兴亡, 匹夫有责", 主张"博学于文, 行已有耻"和"通经致用", 努力想回到孔子而不是孟子的思想去。

看来, 还是《中庸》里的概括比较全面, 曰:"君子尊德性而道问学。"一个人首先要讲道德, 同时也应该重知识; 没有知识是愚蠢的、也是可悲的, 没有德性是卑鄙的、更是可怕的!

3. 知人论世

本节第一段中的戴不胜和薛居州都是宋国大臣，宋国是个小国，当时正处在列强的虎视眈眈之下，虽欲图振兴，却又无良方。孟子在宋国住的时间很短，但与宋国臣子有接触，如戴不胜及戴盈之等。本章所记就是孟子与戴不胜的一番谈话。孟子的意思是，宋王周围的良臣太少，仅仅靠一个"善士"薛居州怎么够呢？

第二段说眼睛。眼睛是心灵的窗户，内心正直，眼神自然明亮。孟子把观察一个人的眼睛作为相人善恶的方法，应该说有一定道理，但并不绝对。

第三段说恭俭。孟子认为，恭敬和俭朴这两种美德是表现在具体事情上的，那些诸侯虽然说得好听，强装笑脸，实际却尽干些欺侮人、掠夺人的勾当，他们又哪里称得上恭敬俭朴呢？

第四段说"易子而教"。古人一般不主张亲自教育自己的儿子，为的是尽可能避免因教育带来的副作用。朱熹《集注》云："易子而教，所以全父子之恩，而亦不失其为教。"所以朱熹就把自己的儿子交给当时另一大儒吕祖谦去教育。

第五段说称赞与指责有时不一定符合事实，所以无论对己对人都不能纯以别人的评价为标准。朱熹《集注》云："毁誉之言，未必皆实。修己者不可以是遽为忧喜，观人者不可以是轻为进退。"

第六段批评说话不负责任。孔子说"君子欲讷于言而敏于行"（《论语·里仁》），言语要谨慎，做事要敏捷。

第七段批评那些缺乏自知之明和骄傲狂妄的人。

第八段说贤能的人应该帮助不如自己的人，否则他也就称不上贤能了。

第九段批评后羿取人不当，故遭杀身之祸；子濯孺子有眼光，教的学生是正派人，他学生的学生也不例外，所以能死里逃生。

第十段"齐人有一妻一妾"是有名的寓言。丈夫是要托付终身的人，一妻一妾很伤心，因为丈夫太不知羞耻，天天扮两面人，在外装孙子讨饭，回家装老爷摆阔。那些为功名利禄不择手段的人，不也一样？难怪孟子总不吃香。

第十一段讲修养工夫。孟子认为，善性需要守护，而且要用心专一，"一暴十寒"是不会有成效的。

第十二段说的《小弁》、《凯风》两诗主题相似，但孟子能根据具体情况作出不同评价。首先他发挥了孔子"诗可以怨"（《论语·阳货》）的精神，肯定"怨"是可以的；其次他又强调应根据作者的遭遇、亲人过失的大小去判断该不该怨，这是孟子"知人论世"的智慧。

第十三段说鲁国打算起用乐正子治理国政，孟子十分高兴，原因不在于乐正子这个人的才能如何优秀，而在于他有"好善"的德行。

第十四段说君子能"反身而诚"，因此能"乐"道；普通人只是不自觉地循"道"而行，即《周易》说的"百姓日用而不知"。因此，尽管人人都有"明善"的基础，但不下"思诚"的工夫，也只能是一个普通人。

第十五段说那些有德行、聪明、本领和知识的人，常常是由于他们灾患的处境。只有那些孤立之臣、庶孽之子，他们提心吊胆，对于祸患考虑得深，所以能通达事理人情。

第十六段讲了四种人的品格，从语气上看，孟子是赞赏后二者的。"天民"和"大人"，按一般说法是"知道者"和"圣人"，但翻译不易，还是不译为好。至于两者的区别，按朱熹的注解，前者"犹有意"，而后者则"无意无必"，从而使"物无不化"，这只有"圣人"才能做到。

第十七段，在孟子看来，尧舜、汤武、五霸在功业上都有成就，但他们的出发点和行事方式却各有不同。尤其是春秋五霸，他们是假借仁义之名而行的。最后一句的理解可有不同，有人认为是讲五霸行仁义还是假的；也有人认为是讲五霸弄假成真了。但从孟子的一贯态度来分析，前一种理解似乎更合理一些。

第十八段讲环境对人的气质的影响作用。由此引申开去，孟子希望人们以"仁"这个天下最广大的居所来涵养自己的气质、心志。

第十九段既可对人，也可对事，关键还在于读者自己体悟其中所讲的哲理。

第二十段在《孟子》中也颇为有名，"再作冯妇"典出于此。一般认为这是孟子认定齐王不能用他，准备离开齐国时讲的话。孟子认为，既然不能用，就应该"知止"，否则就成了重操旧业再打老虎的冯妇。

第二十一段，孟子借对弟子乐正子的评价，阐述了他关于人格境界的划分。

第二十二段说小聪明往往会误事误人，只有大道才是立身之本。

第二十三段批评乡愿。

孟子谓戴不胜曰①："子欲子之王之善与？我明告子。有楚大夫于此，欲其子之齐语也，则使齐人傅诸②？使楚人傅诸？"

曰："使齐人傅之。"

曰："一齐人傅之，众楚人咻之，虽日挞而求其齐也③，不可得矣；引而置之庄岳之间数年④，虽日挞而求其楚，亦不可得矣。子谓薛居州，善士也，使之居于王所。在于王所者，长幼卑尊皆薛居州也，王谁与为不善？在王所者，长幼卑尊皆非薛居州也，王谁与为善？一薛居州，独如宋王何⑤？"

——《滕文公下》

---

① 戴不胜：宋国大臣。
② 齐语：说齐国话。傅：教。
③ 咻：打扰。挞：鞭打。
④ 庄岳：齐国街里名。
⑤ 独：将。

孟子曰："存乎人者①，莫良于眸子。眸子不能掩其恶。胸中正，则眸子瞭焉②；胸中不正，则眸子眊焉③。听其言也，观其眸子，人焉廋哉④？"

——《离娄上》

---

① 存：观察。
② 瞭：明亮。
③ 眊：昏暗。
④ 廋：藏匿。

孟子曰："恭者不侮人，俭者不夺人，侮夺人之君，惟恐不顺焉，恶得为恭俭？恭俭岂可以声音笑貌为哉？"

——《离娄上》

公孙丑曰："君子之不教子，何也？"

孟子曰："势不行也。教者必以正；以正不行，继之以怒；继之以怒，则反夷矣①。'夫子教我以正，夫子未出于正也。'则是父子相夷也。父子相夷，则恶矣。古者易子而教之②，父子之间不责善。责善则离，离则不祥莫大焉。"

——《离娄上》

① 夷：伤害。
② 易：交换。

孟子曰："有不虞之誉①，有求全之毁②。"

——《离娄上》

① 虞：意料。
② 毁：诋毁。

孟子曰："人之易其言也①，无责耳矣。"

——《离娄上》

① 易：轻易。

孟子曰："人之患，在好为人师。"

——《离娄上》

孟子曰："中也养不中①，才也养不才，故人乐有贤父兄也。如中也弃不中，才也弃不才，则贤不肖之相去，其间不能以寸。②"

——《离娄下》

① 中：无过无不及，指有德之人。养：教育熏陶。

② 不能以寸：不能用寸来量，指十分接近。

　　逢蒙学射于羿①，尽羿之道，思天下惟羿为愈己，于是杀羿。孟子曰："是亦羿之罪焉。"

　　公明仪曰："宜若无罪焉。"

　　曰："薄乎云尔②，恶得无罪？郑人使子濯孺子侵卫，卫使庾公之斯追之③，子濯孺子曰：'今日我疾作，不可以执弓，吾死矣夫！'问其仆曰：'追我者谁？'其仆曰：'庾公之斯也。'曰：'吾生矣。'其仆曰：'庾公之斯，卫之善射者也。夫子曰吾生，何谓也？'曰：'庾公之斯学射于尹公之他，尹公之他学射于我。夫尹公之他，端人也④，其取友必端矣。'庾公之斯至，曰：'夫子何为不执弓？'曰：'今日我疾作，不可以执弓。'曰：'小人学射于尹公之他，尹公之他学射于夫子。我不忍以夫子之道反害夫子。虽然，今日之事，君事也，我不敢废。'抽矢扣轮，去其金，发乘矢而后反⑤。"

——《离娄下》

---

① 逢蒙：后羿的家臣。羿：古代神射手。
② 薄：轻。
③ 子濯孺子：郑国大夫。庾公之斯：卫国大夫。
④ 尹公之他：卫国人。端人：正人。
⑤ 金：箭头。乘矢：四箭。

　　齐人有一妻一妾而处室者，其良人出，则必餍酒肉而后反①。其妻问所与饮食者，则尽富贵也。其妻告其妾曰："良人出，则必餍酒肉而后反，问其与饮食者，尽富贵也，而未尝有显者来。吾将瞷良人之所之也。"

　　蚤起，施从良人之所之，遍国中无与立谈者②。卒之东郭墦间③，之祭者，乞其余；不足，又顾而之他。此其为餍足之道也。

　　其妻归，告其妾曰："良人者，所仰望而终身也，今若此！"与其妾讪其良人，而相泣于中庭。而良人未之知也，施施从外来④，骄其妻妾。

由君子观之，则人之所以求富贵利达者，其妻妾不羞也而不相泣者，几希矣。

——《离娄下》

---

① 良人：丈夫。餍：饱。
② 蚤：通早。施从：尾随。施通迤，逶迤曲折的样子。国中：城中。
③ 墦：坟。
④ 施施：得意的样子。

孟子曰："无或乎王之不智也①。虽有天下易生之物也，一日暴之，十日寒之，未有能生者也。吾见亦罕矣，吾退而寒之者至矣②，吾如有萌焉何哉？今夫弈之为数③，小数也；不专心致志，则不得也。弈秋④，通国之善弈者也。使弈秋诲二人弈，其一人专心致志，惟弈秋之为听。一人虽听之，一心以为有鸿鹄将至，思援弓缴而射之⑤，虽与之俱学，弗若之矣。为是其智弗若与？曰：非然也。"

——《告子上》

---

① 或：通惑，怪。
② 寒之者：此喻王左右小人。
③ 弈：围棋。数：技。
④ 弈秋：弈人，名秋。
⑤ 鸿鹄：天鹅。缴：系着丝线的箭。

公孙丑问曰："高子曰：'《小弁》①，小人之诗也。'"

孟子曰："何以言之？"

曰："怨。"

曰："固哉，高叟之为诗也！有人于此，越人关弓而射之②，则已谈笑而道之；无他，疏之也。其兄关弓而射之，则已垂涕泣而道之；

无他，戚之也。《小弁》之怨，亲亲也。亲亲，仁也。固矣夫，高叟之为诗也！"

曰："《凯风》何以不怨③？"

曰："《凯风》，亲之过小者也。《小弁》，亲之过大者也。亲之过大而不怨，是愈疏也；亲之过小而怨，是不可矶也④。愈疏，不孝也；不可矶，亦不孝也。孔子曰：'舜其至孝矣，五十而慕。'"

——《告子下》

① 《小弁》：《诗经·小雅·小弁》。
② 关弓：张弓。
③ 《凯风》：《诗经·邶风·凯风》。
④ 不可矶：碰不起。矶，激。

鲁欲使乐正子为政①。孟子曰："吾闻之，喜而不寐。"

公孙丑曰："乐正子强乎？"

曰："否。"

"多闻识乎？"

曰："否。"

"然则奚为喜而不寐？"

曰："其为人也好善。"

"好善足乎？"

曰："好善优于天下②，而况鲁国乎？夫苟好善，则四海之内皆将轻千里而来告之以善③。夫苟不好善，则人将曰：'訑訑④，予既已知之矣！'訑訑之声音颜色，距人于千里之外。士止于千里之外，则谗谄面谀之人至矣。与谗谄面谀之人居，国欲治，可得乎？"

——《告子下》

① 乐正子：孟子弟子乐正克。
② 优于天下：足以治天下。优，足。
③ 轻千里：不远千里。
④ 訑訑：自大的样子。

孟子曰："行之而不著焉，习矣而不察焉①，终身由之而不知其道者，众也②。"

——《尽心上》

---

① 著、察：明白。
② 众：普通人。

孟子曰："人之有德慧术知者，恒存乎疢疾①。独孤臣孽子②，其操心也危，其虑患也深，故达。"

——《尽心上》

---

① 疢疾：灾患。
② 孽子：庶子，地位卑贱。

孟子曰："有事君人者，事是君则为容悦者也；有安社稷者，以安社稷为悦者也；有天民者，达可行于天下而后行之者也；有大人者，正己而物正者也。"

——《尽心上》

孟子曰："尧、舜性之也①，汤、武身之也②，五霸假之也③。久假而不归，恶知其非有也？"

——《尽心上》

---

① 性之：本性使然，由仁义行。
② 身之：身体力行，行仁义。
③ 假之：假借仁义。

孟子自范之齐①，望见齐王之子，喟然叹曰："居移气②，养移体，大哉居乎！夫非尽人之子与？"

孟子曰："王子宫室、车马、衣服多与人同，而王子若彼者，其居使之然也；况居天下之广居者乎③？鲁君之宋，呼于垤泽之门④，守者曰：'此非吾君也，何其声之似我君也？'此无他，居相似也。"

——《尽心上》

① 范：地名，在今山东范县东南。
② 居：环境。
③ 广居：指仁。
④ 垤泽之门：宋城门名。

孟子曰："于不可已而已者①，无所不已。于所厚者薄，无所不薄也。其进锐者，其退速。"

——《尽心上》

① 已：止。

齐饥。陈臻曰："国人皆以夫子将复为发棠①，殆不可复。"

孟子曰："是为冯妇也②。晋人有冯妇者，善搏虎，卒为善士。则之野，有众逐虎。虎负嵎，莫之敢撄③。望见冯妇，趋而迎之。冯妇攘臂下车，众皆悦之，其为士者笑之。"

——《尽心下》

① 发棠：发，指放粮赈灾；棠，齐邑名。孟子曾劝齐王发放棠邑的仓粮救灾。
② 冯妇：冯氏，名妇。
③ 负嵎：背靠山曲。撄：碰。

浩生不害问曰①："乐正子何人也？"

孟子曰："善人也，信人也。"

"何谓善？何谓信？"

132

曰："可欲之谓善,有诸己之谓信,充实之谓美,充实而有光辉之谓大,大而化之之谓圣,圣而不可知之之谓神。乐正子,二之中、四之下也②。"

——《尽心下》

---

① 浩生不害:浩生氏,名不害,齐人。
② 二之中、四之下:善信之间,美大圣神之下。

盆成括仕于齐①,孟子曰："死矣盆成括!"

盆成括见杀,门人问曰："夫子何以知其将见杀?"

曰："其为人也小有才,未闻君子之大道也,则足以杀其躯而已矣。"

——《尽心下》

---

① 盆成括:盆成氏,名括,曾问学于孟子,未学成而去。

万章问曰："孔子在陈曰:'盍归乎来!吾党之士狂简①,进取不忘其初。'孔子在陈,何思鲁之狂士?"

孟子曰："孔子'不得中道而与之,必也狂狷乎!狂者进取,狷者有所不为②。'孔子岂不欲中道哉?不可必得,故思其次也。"

"敢问何如斯可谓狂矣?"

曰："如琴张、曾皙、牧皮者③,孔子之所谓狂矣。"

"何以谓之狂也?"

曰："其志嘐嘐然④,曰古之人,古之人,夷考其行而不掩焉者也⑤。狂者又不可得,欲得不屑不洁之士而与之,是狷也,是又其次也。孔子曰:'过我门而不入我室,我不憾焉者,其惟乡原乎⑥!乡原,德之贼也。'"

曰："何如斯可谓乡原矣?"

曰:"'何以是嘐嘐也? 言不顾行, 行不顾言, 则曰古之人, 古之人。行何为踽踽凉凉? 生斯世也, 为斯世也, 善斯可矣⑦。' 阉然媚于世也者, 是乡原也。"

万子曰:"一乡皆称原人焉, 无所往而不为原人, 孔子以为德之贼, 何哉?"

曰:"非之无举也, 刺之无刺也, 同乎流俗, 合乎污世, 居之似忠信, 行之似廉洁, 众皆悦之, 自以为是, 而不可与入尧舜之道, 故曰'德之贼'也。孔子曰恶似而非者: 恶莠, 恐其乱苗也; 恶佞, 恐其乱义也; 恶利口, 恐其乱信也; 恶郑声⑧, 恐其乱乐也; 恶紫, 恐其乱朱也⑨; 恶乡原, 恐其乱德也。君子反经而已矣⑩。经正, 则庶民兴; 庶民兴, 斯无邪慝矣⑪。"

——《尽心下》

① 士: 一本作 "小子"。党: 乡里。
② 獧: 通狷, 狷介。
③ 琴张、牧皮: 人名, 都不可考。
④ 嘐嘐: 志大夸口的样子。
⑤ 夷: 平。
⑥ 乡原: 就是乡愿。
⑦ 何以是嘐嘐……善斯可矣: 这是乡原讽刺狂狷之士的话。踽踽凉凉, 独行凄凉的样子。
⑧ 郑声: 郑国的乐歌。孔子说郑声淫, 乱雅乐。
⑨ 朱: 大红。古人称朱为正色, 紫为间色。
⑩ 反经: 返归正道。反通返; 经, 正。
⑪ 邪慝: 邪恶。

本章名为 "道不远人"、本节名为 "知人论世", 不由想到了《红楼梦》中的那副对联: "世事洞明皆学问, 人情练达即文章", 这不就是 "道不远人"、"知人论世" 的最好诠解吗? 曹雪芹能如此深契于中国文化传统的精神实质, 不简单! 但在中国老百姓中更有一语中的的大白话——"不识字还有饭吃, 不识人头没有饭吃"。那是我没读过书的母亲生前常说的一句民谚，少时听来，至今印象深刻。

中国主流的文化传统之所以重人文而轻自然，原因就在于中国传统文化太注重"人"了，认为一切问题都离不开人，只要解决了人的问题，其他所有问题都可以迎刃而解。但真是这样吗？事实不尽如此！更有甚者，这一特征还给中国文化造成了某些方面的先天不足，其中最突出的大概要算科学精神的缺乏了。

由于中国文化传统强调人世、强调现实、强调实用，就势必造成中国文化轻视抽象的思辩、纯理论的探索，缺乏对自然界深入观察和研究的兴趣。所以，中国古代的学者，一般多惯于把学术与现实人世结合在一起，少了为学术而学术的研究精神。他们总认为学术就只是"知人论事"，就是"修己安人"，就是"经世济民"，而其他统统都是"小道"、"小技"（前面不加"雕虫"两字已属客气），不值得重视。由此也就造成中国古代理论科学研究的不发达。

人或问：中国古代不是有举世闻名的"四大发明"吗？不错。但大家不应忘记鲁迅先生曾对它们中的某些"发明"所作的那番讥刺："外国用火药制造子弹御敌，中国却用它做爆竹敬神；外国用罗盘针航海，中国却用它看风水。"（《电的利弊》）鲁迅以他那特有的调侃语气说的是实话，更是气话，是他对这些伟大发明在自己故乡的悲惨命运而发出的"恨铁不成钢"、"怒其不争"的愤怒之情。这可以暂且不论。

我想说的是，即使中国古代的"四大发明"，那也只能算是技术，并不是科学。就拿活字印刷来说吧：大家都知道北宋中期的毕昇发明了活字印刷，但除了沈括《梦溪笔谈》上如野史笔记似的简略记载外，我们还能知道些什么？如毕昇其人的籍贯、生平经历如何？他在何时、何地、如何发明的活字印刷？活字印刷的工作原理、工作机制、工作效率究竟怎样？活字印刷技术是怎样传播的、传播的时间、空间究竟如何？我们都不知道。历史学、考古学最讲究证据（这也是理论科学的特征之一），特别是实物证据，且孤证还不足凭信，但毕昇发明泥活字印刷有泥活字存世吗？退而求其次，有泥活字的印本流传吗？没有！那不就同讲"很久很久以前……"的故事一样？最近有好事者发掘出据说是毕昇的墓碑，可沈括说的那个"毕昇"连身份籍贯都无从知晓，你又怎么知道这个墓碑是他的？一句"初步认定为是"就能解决问题？怎么"初步"的？又凭什么"认定"的？

反观西方，人家的印刷术可是一笔一笔有案可查的：公元1455年，德国的谷登堡（Johann Gensfleisch zum Gutenberg, 1394/1400—1468, 又译古登堡、谷腾堡）独立发明了铅活字凸版机械印刷机，这是一种垂直螺旋式手摇印刷机，是一个完整的机械体系，而不仅是活字一个细节，使用活字只是这种印刷术中的一个环节。古登堡的生平有详细的记载，关于他发明印刷机的过程也有详细的记载，查看任何一部大一点的辞典就能找到。以后，西方经历了蒸气动力印刷机、转轮印刷机、滚筒印刷机、六色轮转印刷机、胶版印刷机，平版印刷技术、凸版印刷技术、凹版印刷技术、丝网印刷技术等一系列发展，直到今天。

之所以要讲这些，只是想说明中国传统文化确实缺乏西方的那种理论科学的精神。所谓理论科学，通俗讲就是有理论体系，有原理可循，可学习的。任何人，只要学习并领会了理论和原理就能操作。比如，西医是建筑在人体解剖学原理基础之上的，那是可学的，学会了也能替人看病；但中医是建筑在玄之又玄的阴阳五行理论基础上的，懂了阴阳五行并不一定能做医生，且阴阳五行本不是为医学而建立的，它在中国古代几乎可以解释一切事物。所以，同样懂阴阳五行的中医，有的可以妙手回春，有的则会把人治死，一切全在个人体悟的经验之中，所谓"只可意会，不可言传"。再如中国古代的建筑、丈量土地等计算的事再多不过了，但中国的几何学几乎等于零，除了那传说的"勾三、股四、弦五"的"商高定理"外，我们还有什么几何学的定理？怪不得明末的徐光启在意大利传教士利玛窦影响下一定要翻译欧几里德的《几何原本》，认为此书有"四不必"：不必疑，不必揣，不必试，不必改。有"四不可得"：欲脱之不可得，欲驳之不可得，欲减之不可得，欲前后更置之不可得。有"三至、三能"：似至晦实至明，故能以其明明他物之至晦；似至繁实至简，故能以其简简他物之至繁；似至难实至易，故能以其易易他物之至难。徐光启认定，此种学问"举世无一人不当学"（《徐光启集·几何原本杂议》）。可惜，他的话晚了近三百六十年才在中国初步实现。这倒不是说平面几何是什么了不起的深奥学问，只是平面几何中蕴涵了理论思维的那套逻辑体系，而这是理论科学必需的前提，又是中国传统文化所缺少的，所以徐光启想以此来"补儒"。

鸦片战争的疾风，揭开了中国近代历史的沉重帷幕。随之而来的是，中国的传统思想文化在高势能的西方文化挑战面前节节败退，踏上了时运不济的蹇途。在一次又一次血的教训下，中国人终于明白了，孟子所谓"壮者以暇日修其孝弟忠信，入以事其父兄，出以事其长上，可使制梃以挞秦楚之坚甲利兵"（《梁惠王上》）的说法，只是一厢情愿的理想，根本行不通。"五四"前后，伴随着新文化运动的兴起，长期主导中国传统文化价值观念的儒家思想，遭到了一代先进知识分子的猛烈抨击，"赛先生"（Science）成了时代的"宠儿"之一。于是人们"尽弃所学而学之"，如胡适所言："这三十年来，有一个名词在国内几乎做到了无上尊严的地位；无论懂与不懂的人，无论守旧和维新的人，都不敢公然对他表示轻视或戏侮的态度。那名词就是'科学'。"（《科学与人生观》序）中国人很聪明，学得快，短短的百年里，中国的科学发展举世瞩目，就不必举例说明了。

但矫枉似乎过正。科学及与之紧密相连的经济是飞速发展了，可倒洗澡水连同孩子也一起被倒掉了。中国传统文化的价值如已陈之刍狗，被人们逐渐淡忘乃至遗弃。就以中国古人最重的人与人关系讲吧，"五四"后的这些年来，我们传统的人伦关系在多次无情的冲击下几乎丧失殆尽，而新的、适应于现代社会的人伦关系却始终未能真正确立起来。时至今日，老实说我们已陷入一个两难的窘境。当前，市场经济正在蓬勃地展开，它固然为我们民族的崛起注入新的活力，但我们也不能不正视"市场取向特征"（market oriented character）所带来的道德困境。就人伦关系而言，人与人之间正日趋以现实利益作为彼此来往的基础,以功效价值作为衡量关系的标准,人的情感联系和心灵交往则日趋淡薄,各种人际关系大有渐渐被市场关系和业务关系所吞没、所取代的趋势。功利至上的价值取向正使得我们的人伦关系变得外在化、冷漠化。因此往往会令人不时感到有一种疏离、孤立乃至苦闷、彷徨的感觉。这就迫使我们不得不再一次进行反思。

现代化突出科学的价值,这本身没错,但对人文精神的价值与作用却估价不够。科学的思维方式在认知上确不可少,这种训练也确不可缺,但它不是十全十美的,如同人文的思维方式一样。科学并不万能,因为还有价值存在。何谓价值?它包括我们赖以安身立命、解决生活意义的信仰,我们对待亲人、邻居、同胞的伦理,我们参与公共事务的精神,我们观察世界的态度等等。价值世界的真实性不是由科学方法来建立的,而必须靠生命的体验。体验是心灵的开发,生命必须投入其中,它并不神秘,但不能以实验的方法来测定,数学和计算机对它无效。人还有许多问题:如人究竟为何而生?为何而死?人的生命与动物的生命有何不同?人被谁决定?人能突破吗?人能成长吗?人的自由只是拥有选择权吗?你知道怎样运用你的选择权吗?你能保证你的选择一定正确吗?……所以,我们除了科学知识的追求外,还应有人文知识的追求。

中国传统的思想文化是有不足之处,但它的长处也不容置疑。尤其是在当今这个人欲横流,道德沦丧,充满紧张焦躁、危疑忧惧、孤独失落的世界上,中国传统思想文化的价值正在为越来越多的人所重视，那些过度物质化国度里的人们，正日益把他们的目光投向讲求人生意义与价值的中国传统思想文化，希望能从中找到一些解决"现代病"的药方。作为中国人，难道不应该珍视前人留下的这份属于全人类的宝贵的精神遗产？一旦我们建立起对自己传统的自信，剔除了它的弊病，消解了对它的怨恨，平心静气地面对自己的祖先、自己的文化，那就可以与悠远的历史接上脉，滋养健全的道德、价值和生活方式，安顿我们的身心。

四、人格篇——曾经沧海

　　标题"曾经沧海"四字，语出唐人元稹《离思》"曾经沧海难为水"。经历过沧海之人，再看别处的水，也就算不得水了。当然，这在科学上讲不通，水还是水，多少而已，怎么会难为水呢？但这不是科学而是人文，它是诗人悼念亡妻的一种真挚情感，关涉的是价值——情感世界。元稹这句诗是有来历的，不在别处，就在《孟子》书中："孔子登东山而小鲁，登泰山而小天下。故观于海者难为水，游于圣人之门者难为言。"（《尽心上》）登上东山，觉得鲁国小了，登上泰山，觉得天下也不大了，那是孔子。孟子呢？最佩服的就是孔子他老人家，因此他又说了后面两句。孟子佩服孔子什么呢？首先就是孔子的人格。

　　"人格"这个词，在西方是从拉丁文"面具"（persona）一词衍生来的，如英文作personality、法文作personnalité等。面具（旧时中国称"脸谱"），即舞台上演员为体现所饰人物角色的个性、品格而使用的特殊道具，用它来喻人格倒也贴切，因为社会本就是个大舞台，人都是演员，他的人格是反映他个性、品格的标志。不过，中国古人多用"人品"这个词，"人格"一词近代才有，据说是从日本转译来的，如同"哲学"、"文化"、"国学"等，这里就不必详考。

　　孟子所以佩服孔子的人格，是因为孔子首先确立起了儒家的理想人格。孔子认定的理想人格依次是圣人、贤人、仁人、志士、君子，但圣人只是虚悬一格的最高境界，贤人、仁人、志士也不可多得，得见君子就很不错了，所以他说："圣人吾不得而见之矣，得见君子，斯可矣。"（《论语·述而》)在孔子看来,一个士——即读书之人,就应该追求理想的人格,这方面的论述在《论语》中大多了,就不标出处地试拈数例:"志士仁人,无求生以害仁,有杀身以成仁";"君子无终日之间违仁,造次必于是,颠沛必于是";"三军可夺帅也,匹夫不可夺志也";"士志于道";"不怨天,不尤人";"士不可以不弘毅,任重而道远。仁以为己任,不亦重乎? 死而后已,不亦远乎?"……孟子就是要继承孔子高标的理想人格,并加以发扬光大。

本篇分为以下三节:

第一节"何必曰利",语出《梁惠王上》。说孟子尚义。"义利之辨"是儒家区别"君子"与"小人"的一把尺、一杆秤。孟子于此说得最多,但被人误解的也最多。尤其是经过后世一些陋儒的过度理解乃至歪曲诠释,遂使孟子的"义利"观长期蒙诟。我们也来读读,看孟子究竟如何说的。

第二节"浩然之气",语出《公孙丑上》。说孟子养气。气之为言亦大矣! 它不仅为儒道两家所重,同时也与中国传统文化如哲学、医学、方技、术数、养生、强体等关系至密。论气在中国向来代不乏人,但孟子所言之"气"有其独到处,不妨看看。

第三节"圣人之徒",语出《滕文公下》。说孟子卫道。孟子欲"承三圣","距杨、墨",而为"圣人之徒"。"三圣"者,大禹、周公、孔子。"三圣"之外,更有尧、舜、汤、文、武一系列儒家圣王。"圣人之徒"孟子当然要向他们取法,尤其是大圣而"素王"的孔子,最让孟子神往。此外,如伯夷、伊尹、柳下惠等圣贤,虽比孔子尚嫌不足,但仍有可学处。"圣人之徒"学"圣人",继统也。

1. 何必曰利

本节第一段在《孟子》书中列为首章，因此历来受到重视，讲评中再论。

第二段说孟子决心离开齐国。宣王还想用财利挽留孟子，结果遭到断然拒绝。宣王这种做法，也不能说一无是处，至少可以认为他对孟子还很看重，希望他能成为国人效法的榜样。但他并不了解孟子，孟子不是用钱就能留住的，因为他决不想只做一块招牌。孟子借"贱丈夫"的寓言批评宣王有垄断国家财利的私心，却没有施行"仁政"的勇气，这种做法很低贱。

第三段说孟子与农家学派的辩论，重点是讲社会分工问题。

第四段，彭更看到老师带着一大帮弟子，周游于诸侯之间，"无事而食"，有点过分，所以提出质疑。问题关键还在社会分工这点上。

第五段，乐正子是孟子弟子，王驩出使鲁国后回国，乐正子跟他一起来到齐国。这时孟子正在齐国，乐正子去谒见孟子。孟子批评他没有履行尊师之道，因为乐正子不是一到齐国就去看老师。但恐怕只是一个由头，孟子主要是因为他随王驩而至齐，又无甚大事，只是些吃吃喝喝；另外，孟子对王驩这个齐王的宠臣一向看不起，这在《孟子》书中多有提及。

第六段接上段而来，也是孟子所以批评乐正子的原因所在。

第七段讲孟子如何对待那些得势小人。王驩权势很大，许多人拍他马屁，以致不顾礼节。孟子偏偏不这样做，并对王驩的无理指责加以了驳斥。

第八段谈交友不能势利。儒家认为朋友相交重在品德，因为朋友有"辅仁"之责，所谓"君子以文会友，以友辅仁"（《论语·颜渊》），孟子强调的就是这一原则。认为即便是平民也可与大夫、诸侯乃至于天子相友，反之亦然。

第九段，讲儒家并不排斥为生计而去担任官职，但若为生计去当官，就须做到二点：一，不能去谋求高官厚禄；二，对所任之职要负责尽心。反过来说，如果当官主要不是为了生计，那就必须以"行道"为职志。

第十段，此章与孟子初见梁惠王时说的内容有相通之处，即讲求功利不是上策，唯讲求仁义才是上策。就本章含义更具体点的分析，那就是孟子认为，同样的实际效果，可能出于不同的出发点，因此动机问题也是君子所应重视的。朱熹深明此点，故《集注》中强调说："学者所当深察而明辨之也。"

第十一段，季子与储子同样送礼物去与孟子结交，孟子认为季子因重任在身，不能亲自到邻国去，但礼数到了；而储子则礼数不备，因为他可以亲自去见孟子却未去。

第十二段，白圭治水，据《韩非子·喻老》中记载，他的方法不是疏通河道，导入江海，而是构筑堤防，让水流到邻国去。所以，孟子批评他这种只顾自己，不管他人的做法是"以邻为壑"。这句话以后成了著名的成语。

第十三段和第十四段说知耻才能知道什么该做什么不该做；知耻才能知道自己的不足，从而成为改正的起点。

第十五段要说明的问题是孟子反复强调的，即人与人的区别原本很小，舜是圣人，跖是盗贼，但究其源头的差别，只在利与善之间。

第十六段亦是讲社会分工问题，与第三、四段可放在一起参读。

第十七段是孟子感叹当时诸侯对贤者徒有恭敬的形式，如致送礼物、待遇优厚等；而无恭敬的实质，即不愿采纳贤者的主张。所以，即使齐宣王对孟子很恭敬，他还是要离开齐国，不为虚假的礼数而留下来。

第十八段说"春秋无义战"，虽然甲方比乙方好一点是有的，然而都把大义丢在了一边。

第十九段有二解，主要问题出在"好名之人"。赵岐《章句》从正面解，认为是"好不朽之名者"；朱熹《集注》从反面解，认为是"矫情干誉"者，这种人为名可让"千乘之国"，但在小事上却会斤斤计较，所以看人"不于其所勉，而于其所忽，然后可以见其所安之实也"，意即有时可从一件小事上看出一个人的品格，而大事往往有做作的味道。朱解自然可通，但先秦儒家是十分重视名誉的，名教实际就是"以名为教"，所以还是赵解较贴切。

孟子见梁惠王①。王曰："叟②，不远千里而来，亦将有以利吾国乎？"

孟子对曰："王何必曰利？亦有仁义而已矣。王曰'何以利吾国'，大夫曰'何以利吾家'③，士、庶人曰'何以利吾身④'，上下交征利而国危矣⑤。万乘之国⑥，弑其君者⑦，必千乘之家；千乘之国，弑其君者，必百乘之家。万取千焉，千取百焉，不为不多矣。苟为后义而先利，不夺不餍⑧。未有仁而遗其亲者也，未有义而后其君者也⑨。王亦曰仁义而已矣，何必曰利？"

——《梁惠王上》

① 梁惠王：即魏惠王，名䓨，谥惠。在位时，为避秦国威胁，从安邑(今山西夏县)迁都大梁(今河南开封)，所以又叫梁惠王。
② 叟：老丈。
③ 大夫：官名。
④ 士、庶人：读书人、老百姓。
⑤ 交：互相。征：求。
⑥ 乘：一辆四匹马拉的兵车。
⑦ 弑：古代以卑杀尊叫弑。
⑧ 夺：篡夺。餍：满足。
⑨ 后：怠慢。

孟子致为臣而归①。王就见孟子，曰："前日愿见而不可得，得侍同朝，甚喜②。今又弃寡人而归，不识可以继此而得见乎？"

对曰："不敢请耳，固所愿也。"

他日，王谓时子曰③："我欲中国而授孟子室，养弟子以万钟，使诸大夫国人皆有所矜式，子盍为我言之④！"

时子因陈子而以告孟子⑤，陈子以时子之言告孟子。

孟子曰："然。夫时子恶知其不可也？如使予欲富，辞十万而受万⑥，是为欲富乎？季孙曰：'异哉子叔疑⑦！使己为政，不用，则亦已矣，又使其子弟为卿。人亦孰不欲富贵，而独于富贵之中有私龙断焉⑧。'古之为市也，以其所有易其所无者，有司者治之耳。有贱丈夫焉⑨，必求龙断而登之，以左右望，而罔市利。人皆以为贱，故从而征之⑩。征商自此贱丈夫始矣。"

——《公孙丑下》

① 致为臣：辞官。
② 前日：以前。得侍同朝：得为君臣而同朝。
③ 时子：齐臣。
④ 中国：国中，国都之中。万钟：合六万四千石，指俸禄。钟，量器名。矜式：
　效法。盍：何不。
⑤ 陈子：孟子弟子陈臻。
⑥ 十万：十万钟的俸禄。
⑦ 季孙、子叔疑：无考。
⑧ 龙断：即垄断，原指独立的高丘，引申为登高探望，网罗市利。
⑨ 贱丈夫：卑鄙汉子。
⑩ 征：征税。

　　有为神农之言者许行①，自楚之滕，踵门而告文公曰："远方之人闻君行仁政，愿受一廛而为氓②。"

　　文公与之处。其徒数十人，皆衣褐，捆屦、织席以为食③。

　　陈良之徒陈相与其弟辛，负耒耜而自宋之滕④，曰："闻君行圣人之政，是亦圣人也，愿为圣人氓。"

　　陈相见许行而大悦，尽弃其学而学焉。

　　陈相见孟子，道许行之言曰："滕君则诚贤君也。虽然，未闻道也。贤者与民并耕而食，饔飧而治⑤。今也滕有仓廪府库，则是厉民而以自养也⑥，恶得贤？"

　　孟子曰："许子必种粟而后食乎？"

　　曰："然。"

　　"许子必织布而后衣乎？"

　　曰："否。许子衣褐。"

　　"许子冠乎？"

曰：“冠。”

曰：“奚冠？”

曰：“冠素。”

曰：“自织之与？”

曰：“否。以粟易之。”

曰：“许子奚为不自织？”

曰：“害于耕。”

曰：“许子以釜甑爨、以铁耕乎⑦？”

曰：“然。”

“自为之与？”

曰：“否。以粟易之。”

“以粟易械器者，不为厉陶冶。陶冶亦以其械器易粟者，岂为厉农夫哉？且许子何不为陶冶，舍皆取其宫中而用之⑧？何为纷纷然与百工交易？何许子之不惮烦？”

曰：“百工之事固不可耕且为也。”

“然则治天下独可耕且为与？有大人之事，有小人之事。且一人之身，而百工之所为备，如必自为而后用之，是率天下而路也⑨。故曰：或劳心，或劳力。劳心者治人，劳力者治于人；治于人者食人，治人者食于人，天下之通义也。……”

“从许子之道，则市贾不贰⑩，国中无伪，虽使五尺之童适市，莫之或欺。布帛长短同，则贾相若；麻缕丝絮轻重同，则贾相若；五谷多寡同，则贾相若；屦大小同⑪，则贾相若。”

曰：“夫物之不齐，物之情也。或相倍蓰，或相什伯，或相千万⑫。子比而同之，是乱天下也。巨屦小屦同贾，人岂为之哉？从许子之道，相率而为伪者也，恶能治国家？”

——《滕文公上》

---

① 神农之言：神农家的学说。《汉书·艺文志》"诸子略"农家有《神农》二十篇，或为此派典籍。神农乃上古传说人物，为农事医药之祖。许行：楚

国人，农家代表。

② 踵门：登门。廛：民居。氓：从别处迁来的百姓。

③ 褐：粗麻短衣。捆屦：织鞋。

④ 陈良：楚国儒生。耒耜：古代翻土农具，耜以起土，耒为其柄。

⑤ 饔飧：早饭叫饔，晚饭叫飧，这里指自己做饭。

⑥ 厉：害。

⑦ 釜：铁锅。甑：瓦锅。爨：烧饭。铁：铁制农具。

⑧ 陶冶：瓦匠铁匠。舍：通啥，什么。

⑨ 路：指奔走道路，不得休息。

⑩ 贾：通价。

⑪ 屦：鞋。

⑫ 蓰：五倍。什伯、千万：都是倍数。

彭更问曰①："后车数十乘，从者数百人，以传食于诸侯②，不以泰乎③？"

孟子曰："非其道，则一箪食不可受于人；如其道，则舜受尧之天下，不以为泰。子以为泰乎？"

曰："否。士无事而食，不可也。"

曰："子不通功易事，以羡补不足④，则农有余粟，女有余布；子如通之，则梓匠轮舆皆得食于子⑤。于此有人焉，入则孝，出则悌，守先王之道，以待后之学者，而不得食于子；子何尊梓匠轮舆而轻为仁义者哉？"

曰："梓匠轮舆，其志将以求食也；君子之为道也，其志亦将以求食与？"

曰："子何以其志为哉？其有功于子，可食而食之矣。且子食志乎？食功乎？"

曰："食志。"

曰："有人于此，毁瓦画墁⑥，其志将以求食，则子食之乎？"

曰："否。"

曰："然则子非食志也，食功也。"

——《滕文公下》

① 彭更: 孟子弟子。
② 传食: 转食。
③ 泰: 过分。
④ 羡: 多余。
⑤ 梓匠轮舆: 泛指木工。
⑥ 画墁: 在墙上乱画。

乐正子从于子敖之齐①。

乐正子见孟子。孟子曰:"子亦来见我乎?"

曰:"先生何为出此言也?"

曰:"子来几日矣?"

曰:"昔者。"

曰:"昔者,则我出此言也,不亦宜乎?"

曰:"舍馆未定②。"

曰:"子闻之也,舍馆定,然后求见长者乎?"曰:"克有罪。"

——《离娄上》

① 子敖: 齐王宠臣王驩,字子敖。
② 舍馆: 旅馆。

孟子谓乐正子曰:"子之从于子敖来,徒餔啜也①。我不意子学古之道而以餔啜也。"

——《离娄上》

① 餔啜: 吃喝。

公行子有子之丧①,右师往吊②。入门,有进而与右师言者,有就右师之位而与右师言者。孟子不与右师言,右师不悦曰:"诸君子皆与驩言,孟子独不与驩言,是简驩也③。"

孟子闻之，曰："礼，朝廷不历位而相与言④，不逾阶而相揖也。我欲行礼，子敖以我为简，不亦异乎？"

——《离娄下》

---

① 公行子：齐国大夫。有子之丧：死了儿子。
② 右师：指王驩，时任右师。
③ 简：简慢。
④ 历位：越位。

万章问曰："敢问友。"

孟子曰："不挟长，不挟贵，不挟兄弟为友①。友也者，友其德也，不可以有挟也。孟献子②，百乘之家也，有友五人焉：乐正裘、牧仲，其三人则予忘之矣③。献子之与此五人者友也，无献子之家者也。此五人者，亦有献子之家，则不与之友矣。非惟百乘之家为然也，虽小国之君亦有之。费惠公曰④：'吾于子思，则师之矣；吾于颜般，则友之矣；王顺、长息，则事我者也⑤。'非惟小国之君为然也，虽大国之君亦有之。晋平公之于亥唐也⑥，入云则入，坐云则坐，食云则食，虽蔬食菜羹未尝不饱，盖不敢不饱也。然终于此而已矣。弗与共天位也，弗与治天职也，弗与食天禄也，士之尊贤者也，非王公之尊贤者也。舜尚见帝，帝馆甥于贰室⑦，亦飨舜，迭为宾主，是天子而友匹夫也。用下敬上，谓之贵贵；用上敬下，谓之尊贤。贵贵尊贤，其义一也。"

——《万章下》

---

① 挟：倚仗。兄弟：指有权势的兄弟。
② 孟献子：鲁国大夫。
③ 乐正裘、牧仲：鲁国贤人。
④ 费：国名。
⑤ 颜般、王顺：《汉书·古今人表》作颜敢、王慎。长息：公明高弟子。
⑥ 亥唐：晋国贤人。
⑦ 尚：通上。甥：婿，指舜。古代妻父又叫外舅，所以称女婿为甥。贰室：副宫。

孟子曰："仕非为贫也，而有时乎为贫；娶妻非为养也，而有时乎为养。为贫者，辞尊居卑，辞富居贫。辞尊居卑，辞富居贫，恶乎宜乎？抱关击柝①。孔子尝为委吏矣②，曰：'会计当而已矣。'尝为乘田矣③，曰：'牛羊茁壮长而已矣。'位卑而言高，罪也；立乎人之本朝④，而道不行，耻也。"

——《万章下》

---

① 抱关：守门。击柝：打更。
② 委吏：管仓库之人。
③ 乘田：管牧场之人。
④ 本朝：朝廷。

宋牼将之楚①，孟子遇于石丘②，曰："先生将何之？"

曰："吾闻秦楚构兵，我将见楚王说而罢之。楚王不悦，我将见秦王说而罢之。二王我将有所遇焉。"

曰："轲也请无问其详，愿闻其指③。说之将何如？"

曰："我将言其不利也。"

曰："先生之志则大矣，先生之号则不可④。先生以利说秦楚之王，秦楚之王悦于利，以罢三军之师，是三军之士乐罢而悦于利也。为人臣者怀利以事其君，为人子者怀利以事其父，为人弟者怀利以事其兄，是君臣、父子、兄弟终去仁义⑤，怀利以相接，然而不亡者，未之有也。先生以仁义说秦楚之王，秦楚之王悦于仁义，而罢三军之师，是三军之士乐罢而悦于仁义也。为人臣者怀仁义以事其君，为人子者怀仁义以事其父，为人弟者怀仁义以事其兄，是君臣、父子、兄弟去利，怀仁义以相接也，然而不王者，未之有也。何必曰利？"

——《告子下》

---

① 宋牼：又作宋钘或宋荣，宋国人，曾在齐国稷下讲学。
② 石丘：地名。

③ 指：通旨，大意。
④ 号：说法。
⑤ 终：尽。

　　孟子居邹，季任为任处守①，以币交，受之而不报。处于平陆，储子为相②，以币交，受之而不报。他日，由邹之任，见季子；由平陆之齐，不见储子。屋庐子喜曰："连得间矣③。"问曰："夫子之任，见季子；之齐，不见储子，为其为相与？"

　　曰："非也。《书》曰：'享多仪，仪不及物曰不享，惟不役志于享。'④为其不成享也。"

　　屋庐子悦。或问之，屋庐子曰："季子不得之邹，储子得之平陆。"

——《告子下》

① 季任：任君之弟。处守：留守。
② 平陆：齐邑名。储子：齐相。
③ 连：孟子弟子屋庐氏，名连。间：区别。
④ 《书》：《尚书·洛诰》。享多仪：献礼贵在仪节。役志：专心。

　　白圭曰："丹之治水也愈于禹①。"

　　孟子曰："子过矣。禹之治水，水之道也，是故禹以四海为壑②。今吾子以邻国为壑。水逆行谓之洚水；洚水者，洪水也，仁人之所恶也。吾子过矣！"

——《告子下》

① 白圭：名丹，曾相魏。愈：超过。
② 壑：山沟，这里指注水之处。

　　孟子曰："人不可以无耻。无耻之耻①，无耻矣。"

——《尽心上》

---

① 无耻之耻：没有羞耻的那种羞耻。

孟子曰："耻之于人大矣。为机变之巧者①，无所用耻焉。不耻不若人，何若人有②？"

——《尽心上》

---

① 机变之巧：机巧诈变。
② 何若人有：有何若人，怎么比得上别人呢。

孟子曰："鸡鸣而起，孳孳为善者①，舜之徒也；鸡鸣而起，孳孳为利者，蹠之徒也②。欲知舜与蹠之分，无他，利与善之间也③。"

——《尽心上》

---

① 孳孳：努力的样子。
② 蹠：跖，春秋时大盗，相传为柳下惠之弟。
③ 间：区别。

公孙丑曰："《诗》曰：'不素餐兮①！'君子之不耕而食，何也？"

孟子曰："君子居是国也，其君用之，则安富尊荣；其子弟从之，则孝悌忠信。'不素餐兮'，孰大于是？"

——《尽心上》

---

① 《诗》：《诗经·魏风·伐檀》。素餐：白吃白喝。

孟子曰："食而弗爱，豕交之也①；爱而不敬，兽畜之也。恭敬者，币之未将者也②。恭敬而无实，君子不可虚拘③。"

——《尽心上》

① 食：喂养。豕交：养猪。交，接。
② 币：帛，泛指礼物。将：送。
③ 拘：留。

孟子曰："春秋无义战，彼善于此，则有之矣。征者，上伐下也，敌国不相征也①。"

——《尽心下》

① 敌：对等。

孟子曰："好名之人，能让千乘之国，苟非其人，箪食豆羹见于色。"

——《尽心下》

先说说本节第一段。这是《孟子》全书的首章，说明作者对它很看重，历来的研究者也十分重视此章。司马迁说："余读孟子书，至梁惠王问'何以利吾国'，未尝不废书而叹也。"（《史记·孟子荀卿列传》）他在《魏世家》中着重引此章来描述当时魏国的窘境（文字略有出入，但意思未变）；又在《六国年表》将此事表出，尽管在年代上他可能搞错了。

不难看出，梁惠王当时的心情不好，所以他对孟子的称呼随随便便，开门见山就急着问如何能使他的国家获利。惠王所问之"利"，是指富国强兵、征战夺地等治国之术。他所以这么急，是因为当时魏国的处境确实不妙，就如他在后面提到的："东败于齐，长子死焉；西丧地于秦七百里；南辱于楚。寡人耻之，愿比死者一洒之。"一连串的败绩，使魏国势大减（详后"政治篇"首节）。惠王心里着急，他急于想使自己的国家强大起来，急于想雪耻，急于想报仇。因此，见到孟子他劈头就问如何能使国家强盛起来的问题。但在孟子看来，富国强兵、征战夺地这种急功近利，不是治国的上策，反而是引起动乱的根源；要想使国家强盛起来，最好的办法就是讲求仁义，即积极推行王道，实施仁政。

此章一向被认为是孟子讲"义利之辨"最重要的一章。但对此章的内容，过去常有误解。误解的原因大致有三：一是古文太过简洁，二是语句理解的歧义，三是后儒的过度诠释。如对梁惠王问"利"的误解：惠王所问之"利"，并不是一般狭义所说的利益，而是国家的大利。惠王之举，旧时常给读书人骂，说他是一个急功近利的"小人"。但如果能了解当时魏国的实情，设身处地、平心而论的话，应该说这不过是人之常情，无可厚非，尽管他是急功近利了一点。再如对孟子答以"义"，那误解就更大了，简直就以为孟子是一个只讲"义"而不讲"利"的人。如董仲舒所谓"正其谊（义）不谋其利"，再到后来就变成了儒家只许讲"义"不许讲"利"。实际上，孟子在回答中从未否定过"利"。孟子甚至连"好勇"、"好货"、"好色"都没有完全否定，又岂会完全否定"利"（详后）？

先秦儒家并不否定求"利"，如孔子就说过："富与贵，是人之所欲也，不以其道得之，不处也；贫与贱，是人之所恶也，不以其道去之，不去也。"（《论

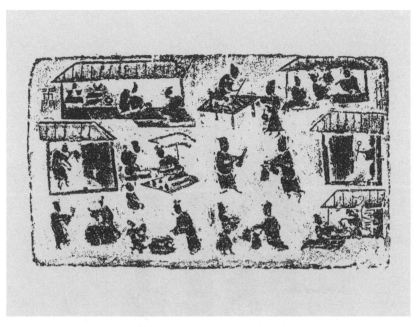

画像砖上的集市

语·里仁》）；"富而可求，虽执鞭之士，吾亦为之。如
不可求，从吾所好"（《论语·述而》）。就是说，追求
富贵、摆脱贫贱是人人都想的，但追求和摆脱的方
法必须合乎原则，这个原则就是"义"。承认不承认
此点，是区别"君子"与"小人"的重要尺度。这才是
原儒意义上的"义利之辨"。后来的"儒商"——如晋
商、徽商——讲究"君子爱财，取之有道"、"买卖不
成仁义在"，其来有自。

所以，孟子的回答不是要否定"利"，他只是告诉

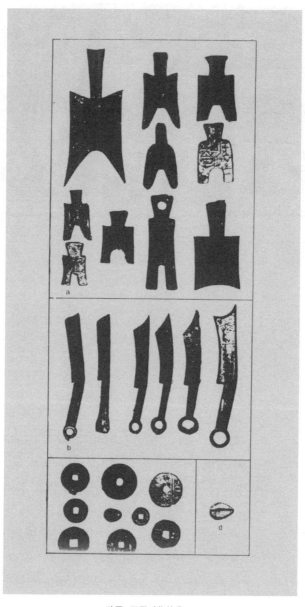

孔子、孟子时代的货币

梁惠王，富国强兵、征战夺地仅是政治上的小利，且副作用很大；只有讲求仁义，才是政治上没有副作用的大利、根本之利。至少在孟子的想法中，"仁义"这个大利已包含了富国强兵等小利，讲了大利，小利自在其中，不必多说。此点北宋的程颐倒是看出来了，他说："君子未尝不欲利，但专以利为心则有害，唯仁义则不求利而未尝不利也。"（朱熹《集注》引）只是程朱又强调"存天理，灭人欲"，尽管他们有自己的深意，但却没讲清楚，所以被后世一些陋儒连同"义利之辨"一起曲解了。

说到这里不妨再引申开去讲讲孔孟对经商的看法。那个后来为孔子守丧六年的高足子贡（端木赐），一向有经商的头脑，会赚钱，孔子说他"赐不受命，而货殖焉，亿则屡中"（《论语·先进》）。这里，"不受命"有多解，或曰不做官、或曰不安本分，因不害文意就不去纠缠了；"亿"是判断、猜测。子贡有生意眼，猜测市场行情准得很，孔子不仅没反对，且语气还颇为嘉许。还是这个子贡，一次问孔子：这里有块美玉，是把它藏在柜子里呢，还是求个好价钱把它卖了？孔子回答：卖了它！卖了它！我就在等肯出大价钱的人！（原文是："子贡曰：'有美玉于斯，韫椟而藏诸？求善贾而沽诸？'子曰：'沽之哉！沽之哉！我待贾者也。'"（《论语·子罕》）这是"待价而沽"成语的出典。君子比德于"玉"，"善贾"则喻贤君，孔子虽以此来表明自己想出仕做官的积极用世精神，但从中不也透出他很强的商品意识和市场观念吗？再看孟子，他也充分肯定商业活动的合理性和必要性，他批驳农家许行的观点即是证明（详下）。孟子还说过，"市，廛而不征，法而不廛，则天下之商皆悦，而愿藏于其市矣"（《公孙丑上》）。大意是：在市场上，提供场所让商人存货而不征税，商品滞销国家按法征购而不使其长期积压，那么天下商人都会高兴，愿意到你这里来做生意。这不就是对外开放、招商引资、政策优惠、搞活经济的"古代版"吗？再如第二段中孟子骂的那个"贱丈夫"商人，他不守规则、抢占高垄、左顾右盼，欲一罔市利；就商言商，垄断不利于市场经济发展，孟子看得还蛮清楚。中国古代重农轻商，这本是农业国家的基本国策，不足为奇。但有人一古脑儿把中国商业不发达归罪于儒家思想，恐怕有点文不对题，以上儒家二"圣"的观点就是证明。

再谈谈孟子的社会分工思想。在孟子看来，"劳心者治人，劳力者治于人"是"天下之通义"，即通行天下的道理。但是农家学派不同意，于是有了本节第三段的那场辩论。由于书阙有间，今天我们对战国诸子中农家一派的情况知之甚少，《孟子》书中保存的这些片断资料弥足珍贵。许行是农家中"神农"一派的代表人物，他认为"贤者与民并耕而食，饔飧而治"，即人人必须劳动，自食其力，虽国君也不能例外。孟子对许行思想的批评正确而有力，他通过指出许行理论的内在矛盾，强调了随社会生产发展而产生的不同生产者之间产品交换的必要性，进而论证了社会分工的必要性和重要性。

社会分工本是人类社会发展的必然趋势，也是社会生产力发展的必然结果。原始人类社会的第一次社会分工是农业与畜牧业的分离，以后又出现了农业与手工业的分工、脑力劳动与体力劳动的分工、统治者与被统治者的分工等。而每一次的社会分工实际上是促进了社会生产力的发展及社会的进步。尽管这种发展和进步是要付出代价的，其中不乏血与泪、贪婪与欲望等肮脏的东西。但人类在进入文明社会之后，统治者的贪欲往往就是历史发展的动力，而社会矛盾也就越来越多，恩格斯曾指出："在黑格尔那里，恶是历史的动力借以表现出来的形式。这里有双重的意思，一方面，每一种新的进步都必然表现为对某一神圣事物的亵渎，表现为对陈旧的、日渐衰亡的、但为习惯所崇奉的秩序的叛逆，另一方面，自从阶级对立产生以来，正是人的恶劣的情欲——贪欲和权势欲成了历史发展的杠杆。"（《路德维希·费尔巴哈和德国古典哲学的终结》）许行对这种社会现实或有省察，但他提出治疗社会病的"药方"却有问题。他只承认农业与手工业之间需要分工，反对国家管理者脱离直接生产，反对脑力劳动与体力劳动的分工。这种主张貌似平等，但却是违背人类历史发展规律的、反文明的思想，实际就是想退回到原始的社会状态中去。很明显，孟子的理论较许行的思想要合理得多，代表了一种社会的进步。这也使孟子成为中国历史上第一个比较全面地从生产发展和产品交换来论证社会分工必要性的人，他的理论在中国思想发展史上具有很大意义。

但在当时，要明白这是一种社会进步的思想并不容易，连孟子的学生彭更、公孙丑都有疑问，别人更可想而知。以彭更为例来看：彭更见老师带着一大帮弟子，周游于诸侯之间，"无事而食"，认为有点过分，所以提出质疑。问题关键还在于社会分工这一点上。孟子认为,读书人以行道服务于社会,所以他们的"得食",与农民种地、妇女织布、工匠制器而"得食"一样合理,这仅是脑力劳动与体力劳动的分工不同罢了。换言之,读书人是以其"精神产品"来"求食"的。彭更的后一个问题,是抓住儒家强调"士志于道"、"君子谋道不谋食"的立场,提出:"君子之为道也,其志亦将以求食与?"这实际有偷换概念之嫌,把"志"与"谋"混在一起了。君子固然应该"谋道不谋食",但社会在给予报酬时,却不能因为君子"志""不谋食"而不给或少给,而应该根据他们对社会做出的实际贡献——即孟子所说的"功"——来衡量并付酬。

孟子所说的道理本来是很浅显的,但在中国历史上,有类似许行、彭更这样想法的人却一直不少。即使在不远的过去,我们还看到上演过强迫知识分子必须到工厂、农村去"参加劳动"、去接受"再教育"的闹剧,充分说明了这种思想源远流长、根深蒂固,还倒是值得大家警惕的。老实说,孟子的社会分工理论,即使在今天仍不失其意义。

2. 浩然之气

　　本节第一段说养气，历来受到重视。程颐说："孟子有功于圣门不可言。如仲尼只说一个'仁义'，孟子开口便说'仁义'；仲尼只说一个'志'，孟子便说出许多'养气'来。只此二字，其功甚多。"（《二程集》第221页）朱熹《集注》也认为："孟子此章，扩前圣所未发，学者所宜潜心而玩索也。"

　　第二段说"大丈夫"。在孟子看来，公孙衍、张仪之类的纵横家，摇唇鼓舌，唯利是图，只能算是"妾妇之道"。真正的大丈夫，应该站得直、行得正、坚定不移，为正义的理想目标而不懈地奋斗。应该承认，孟子轻视妇女的思想实在没什么道理。但若不论此点，那"大丈夫"还是不错的，确能代表旧时代中国知识分子的人生理想，它曾激励过许多人以天下为己任，救邦国于危难，拯生民于涂炭，置生死利害于度外。

　　第三段讲理想人格。人愿意生存的欲望是极强烈的，反之，人厌恶死亡的心情也是极强烈的。但儒家强调，当个体的自然生存与道德原则发生冲突而又不能两全之时，应该是道德优先，即应该舍弃生命以维护理想中的道德原则。孟子的"舍生取义"，上承孔子"志士仁人，无求生以害仁，有杀身以成仁"（《论语·子罕》），下开荀子"人之所欲生甚矣，人之所恶死甚矣，然而人有从生成死者，非不欲生而欲死，不可以生而可以死也"（《荀子·正名》）。因此"有义"是儒家所一致认同的价值观。这种价值观为培养中华民族的浩然正气和爱国主义的高尚情操起到了非常积极的作用，曾鼓舞中国历史上许许多多志士仁人为理想而献身，如民族英雄文天祥在其临刑前自书《衣带赞》："孔曰成仁，孟曰取义，唯其义尽，所以仁至。读圣贤书，所学何事？而今而后，庶几无愧。"还要一提的是，孟子在本段话提出了"本心"这个概念，全书仅此一次，本心者，良心也。

　　第四段呼唤"豪杰之士"，就是自强不息才能卓越之人，也是夫子自道。

第五段说富贵是常人所追求的，不为富贵所动心，是因为有比富贵更值得追求的东西，那他一定不同于常人。

第六段说"尚志"，就是"高尚其志"的意思。古人以士为四民之首，农民种地，工人做工，商人买卖，士则读书明理，然后做官。

第七段讲君子无论在什么情况下都与大道相始终，甚至以死相从而不离，决不能放弃原则来迁就世人。孟子这里的"人"，隐含有公爵王侯的意思。

第八段说积德者"邪世不能乱"。

第九段说如何游说诸侯，颇有精神胜利法的味道，正如赵岐所说："心当有以轻藐之，勿敢视之巍巍富贵若此而不畏之，则心舒意展，言语得尽。"孟子确有点豪气，孔子大概就没有了，孔子说"君子有三畏"，而"畏大人"就是其中之一(《论语·季氏》)。所以后儒有谓："孟子此章，以己之长，方人之短，犹有此等气象，在孔子则无此矣。"（朱熹《集注》引杨氏语）

公孙丑问曰："夫子加齐之卿相①，得行道焉，虽由此霸、王，不异矣。如此则动心否乎？"

孟子曰："否。我四十不动心。"

曰："若是，则夫子过孟贲远矣②。"

曰："是不难，告子先我不动心③。"

曰："不动心有道乎？"

曰："有。北宫黝之养勇也，不肤桡，不目逃，思以一毫挫于人，若挞之于市朝；不受于褐宽博，亦不受于万乘之君；视刺万乘之君，若刺褐夫；无严诸侯，恶声至，必反之④。孟施舍之所养勇也⑤，曰：'视不胜犹胜也。量敌而后进，虑胜而后会，是畏三军者也。舍岂能为必胜哉？能无惧而已矣。'孟施舍似曾子，北宫黝似子夏⑥。夫二子之勇，未知其孰贤，然而孟施舍守约也。昔者曾子谓子襄曰⑦：'子好勇乎？吾尝闻大勇于夫子矣，自反而不缩，虽褐宽博，吾不惴焉⑧；自反而缩，虽千万人，吾往矣。'孟施舍之守气，又不如曾子之守约也。"

曰："敢问夫子之不动心与告子之不动心，可得闻与？"

"告子曰：'不得于言，勿求于心；不得于心，勿求于气。'不得于心，勿求于气，可；不得于言，勿求于心，不可。夫志，气之帅也；气，体之充也。夫志至焉，气次焉，故曰：'持其志，无暴其气⑨。'"

"既曰'志至焉，气次焉'；又曰：'持其志，无暴其气'者，何也？"

曰："志壹则动气，气壹则动志也。今夫蹶者、趋者⑩，是气也，而反动其心。"

"敢问夫子恶乎长？"

曰："我知言，我善养吾浩然之气。"

"敢问何谓浩然之气？"

曰："难言也。其为气也，至大至刚，以直养而无害，则塞于天地之间。其为气也，配义与道；无是，馁也。是集义所生者，非义袭而取之也。行有不慊于心⑪，则馁矣。我故曰告子未尝知义，以其外之也。必有事焉而勿正，心勿忘，勿助长也。无若宋人然：宋人有闵其苗之不长而揠之者⑫，芒芒然归，谓其人曰：'今日病矣⑬！予助苗长矣！' 其子趋而往视之，苗则槁矣。天下之不助苗长者寡矣。以为无益而舍之者，不耘苗者也；助之长者，揠苗者也。非徒无益，而又害之。"

——《公孙丑上》

① 加：居。
② 孟贲：古代勇士。
③ 告子：孟子论友。
④ 北宫黝：姓北宫，名黝，齐国勇士。不肤桡：肌肤被刺不退缩。不目逃：目被刺不转睛逃避。市朝：公共场所。不受于：不受辱于。褐宽博：穿粗布宽大衣服的平民，就是褐夫。无严：不畏。反：反击。
⑤ 孟施舍：古代勇士。
⑥ 子夏：孔子弟子卜商。
⑦ 子襄：曾子弟子。
⑧ 夫子：孔子。自反：自己反省。缩：直。惴：恐吓。
⑨ 持：守。暴：乱。
⑩ 蹶：跌倒。趋：疾走。
⑪ 慊：满意。
⑫ 闵：通悯，忧。揠：拔。
⑬ 芒芒然：疲倦的样子。病：累。

景春曰："公孙衍、张仪岂不诚大丈夫哉①？一怒而诸侯惧，安居而天下熄②。"

孟子曰： "是焉得为大丈夫乎？子未尝学礼乎？丈夫之冠也③，父命之；女子之嫁也，母命之，往送之门，戒之曰：'往之女家，必敬必戒，无违夫子④！' 以顺为正者，妾妇之道也。居天下之广居，立天下之正位，行天下之大道⑤；得志，与民由之；不得志，独行其道。富贵不能淫，贫贱不能移，威武不能屈，此之谓大丈夫。"

——《滕文公下》

① 公孙衍: 魏国人, 著名纵横家, 曾为秦国大良造, 又曾佩五国相印。张仪:
　魏国人, 著名纵横家, 与苏秦齐名, 游说六国连横以事秦。
② 偃: 休战。
③ 冠: 古时男子年二十行冠礼, 以示成年。
④ 夫子: 丈夫。
⑤ 广居、正位、大道: 喻仁、礼、义。

　　孟子曰:"鱼, 我所欲也, 熊掌, 亦我所欲也, 二者不可得兼, 舍鱼而取熊掌者也。生, 亦我所欲也, 义, 亦我所欲也, 二者不可得兼, 舍生而取义者也。生亦我所欲, 所欲有甚于生者, 故不为苟得也; 死亦我所恶, 所恶有甚于死者, 故患有所不辟也。如使人之所欲莫甚于生, 则凡可以得生者, 何不用也? 使人之所恶莫甚于死者, 则凡可以辟患者, 何不为也? 由是则生而有不用也, 由是则可以辟患而有不为也, 是故所欲有甚于生者, 所恶有甚于死者。非独贤者有是心也, 人皆有之, 贤者能勿丧耳。一箪食, 一豆羹①, 得之则生, 弗得则死, 嘑尔而与之②, 行道之人弗受, 蹴尔而与之, 乞人不屑也。万钟则不辨礼义而受之, 万钟于我何加焉? 为宫室之美, 妻妾之奉, 所识穷乏者得我与③? 乡为身死而不受, 今为宫室之美为之; 乡为身死而不受, 今为妻妾之奉为之; 乡为身死而不受, 今为所识穷乏者得我而为之, 是亦不可以已乎? 此之谓失其本心。"

——《告子上》

① 箪: 盛饭的食器。豆: 盛羹的食器。
② 嘑尔: 呵叱。嘑通呼。
③ 得: 通德, 感激。

　　孟子曰:"待文王而后兴者①, 凡民也。若夫豪杰之士, 虽无文王犹兴。"

——《尽心上》

① 兴：奋起。

孟子曰："附之以韩魏之家①，如其自视欿然②，则过人远矣。"

——《尽心上》

① 附：加。韩魏之家：指春秋晋国六卿中韩魏两家的产业。
② 欿然：不自满的样子。欿通坎。

王子垫问曰①："士何事？"
孟子曰："尚志。"
曰："何谓尚志？"
曰："仁义而已矣。杀一无罪，非仁也；非其有而取之，非义也。居恶在？仁是也；路恶在？义是也。居仁由义，大人之事备矣。"

——《尽心上》

① 王子垫：齐王之子，名垫。

孟子曰："天下有道，以道殉身①；天下无道，以身殉道。未闻以道殉乎人者也。"

——《尽心上》

① 殉：顺从。

孟子曰："周于利者①，凶年不能杀②；周于德者，邪世不能乱。"

——《尽心下》

① 周：足。
② 杀：穷困。

　　孟子曰："说大人则藐之，勿视其巍巍然。堂高数仞，榱题数尺①，我得志，弗为也。食前方丈②，侍妾数百人，我得志，弗为也。般乐饮酒③，驱骋田猎，后车千乘，我得志，弗为也。在彼者，皆我所不为也；在我者，皆古之制也，吾何畏彼哉？"

——《尽心下》

① 堂高：堂阶。榱题：椽头，指檐宽。
② 食前方丈：面前菜肴一丈见方。
③ 般：大。

　　　　　　"气"这个观念，在中国传统文化中具有十分重要的地位，它不仅是中国古代哲学的一个基本概念，同时也与中国传统的医学、术数、方技、养生、宗教等有着千丝万缕的联系。在孟子之前，中国早就有了关于"气"的学说。如西周末年的伯阳父，就曾用"气"来解释当时出现的地震现象（参见《国语·周语上》）。在《左传·昭公元年》上有关于"阴、阳、风、雨、晦、明"的"六气"理论。《老子》中讲"道生一，一生二，二生三，三生万物。万物负阴而抱阳，冲气以为和"（《老子·第四十二章》），提出作为混沌未分总体的"道"，自我分化或生长出"一"，"一"就是统一的气；"一生二"，从统一的气中再分化出对立的阴阳二气；"二生三"，阴阳二气相互激荡产生"和"，于是万物渐次地产生了。后来，"气"作为构成万物要素的观

169

点已为许多思想家接受。到战国时,与孟子同时代的"稷下学宫"中之道家学者,有关于"精气"的理论,如《管子·内业》中就有不少论述,其中提到"精气"流动于天地之间就称作"鬼神",藏于人的心中就使其成为"圣人"。这与孟子之"气"似有相通的地方,有人因此还认为这是孟子受道家思想影响的结果。

孟子在此章中关于"气"的论述,有其独特之处:一方面,他把"气"规定为属于"体"即身体方面的,但它又与"志"即思想密切关联、相互影响。更重要的是,他主要不是把"气"作为一种物质状态,而是把它作为一种精神状态来看待,"气"成为很难讲清楚的、要靠生命体验的、道德的一种精神。这种精神的源头在哪里?据孟子的观点就应当在"我"——人之自我。孟子是尊个性而张精神的豪杰,因此他的"养气"说,极富个性色彩。首先,他认"气"是"体之充",更说"志"(意志)是"气之帅",主张"持其志,无暴其气",这种志气养到一定的境界,就成为"浩然之气"。"浩然"二字本是形容水的,借来论"气"仍旧生动,至于细节,并不好讲,但孟子还是透露了一点消息。他说这种气至大至刚,用道义培养而不加伤害——"以直养而无害",就会充盈天地之间。它源自正义的长期积累,绝非心血来潮偶尔为之所能获得——"是集义所生者,非义袭而取之也"(按:"生"、"取"两字是吃紧处!"生"是自然,是求在我;"取"是刻意,是求在外)。一旦做了问心有愧的事,"气"便软弱无力了,这叫"气馁"。我们常说"做贼心虚",就与这个气馁有关,"气"不馁,心"虚"什么呢?"养气"要专心,又不能刻意。所以孟子还特别给我们讲了个宋人"揠苗助长"的寓言，而结论是"非徒无益，而又害之"。

孟子后论气者不可谓少，如稍晚于孟子的庄子，在《逍遥游》中有"乘天地之正，而御六气之辩，以游无穷"的理想，境界甚高。所以，"气"的理论在孟子后仍有很大发展。但孟子的"浩然之气"总教人难忘，一直成为中国"气"论中很独特的一面，对以后儒家的修养工夫产生了巨大影响。如南宋末年民族英雄文天祥的《正气歌》说："天地有正气，杂然赋流形。下则为河岳，上则为日星。于人曰浩然，沛乎塞苍冥。皇路当清夷，含和吐明庭。时穷节乃见，一一垂丹青。……"（《指南后录》）这时他被关在元朝的大牢里，夏天，水气、土气、日气、火气、米气、人气、秽气，七气交攻，他以孱弱之躯俯仰其间，尚能慷慨吟诗，就是得益于他的"浩然正气"，"彼气有七，吾气有一，以一敌七，吾何患焉！"（《正气歌序》）文天祥之于孟子，真正可称"千载同调"。文天祥"求仁得仁"，实现了他的理想人格。

从孔子创立儒家学派始，理想人格就成为儒家所始终追求的人生目的。儒家所谓的理想人格，就是强调主体的自觉与超越。通俗点讲，一个人——很大程度上是指作为知识阶层的"士"——应该提高精神境界，讲求修身养性，培养气节，锻炼意志，自我节制，重视品德操守，充分发挥自己的主观能动性，执着地追求真、善、美；同时要发奋立志，以天下国家为己任，救邦国于危难，拯生民于涂炭。也就是说，他应该（注意是"应该"而不是必然）具备天下为公，嫉恶好善，激浊扬清，悲天悯人，拯世济民，为民请命，替天行道等所有的崇高品德。

有关孔子讲理想人格，前面已述。孟子则进一步发挥和发展了孔子以来儒家强调追求理想人格的思想，他有一系列关于理想人格的论述，比较为人所熟知的如："乐以天下，忧以天下"（《梁惠王下》）；"居天下之广居，立天下之正位，行天下之大道，得志与民由之；不得志，独行其道。富贵不能淫，贫贱不能移，威武不能屈，此之谓大丈夫"（《滕文公下》）；"鱼，我所欲也，熊掌，亦我所欲也；二者不可得兼，舍鱼而取熊掌者也。生，亦我所欲也，义，亦我所欲也；二者不可得兼，舍生而取义者也"（《告子上》）；"天下有道，以道殉身；天下无道，以身殉道"（《尽心上》）；"人皆可以为尧舜"（《告子下》）等等。以上种种，都可谓是激励人心、传颂千古的名言。

孟子所提倡的理想人格，其思想的基础就是人贵在"有义"这个重要的价值观念。这种价值观使得人类固有的理想意向，在追求真善美的过程中，特别突出了人的道德精神，和为理想而勇于牺牲的大无畏的精神境界。在孟子看来，人生的最高价值就在于实现自我的道德理想。如他肯定了生命的可贵性，但却强调道德更加可贵；生命诚然非常重要，但人有其比生命更加重要的东西，那就是"义"，就是道德；所以，人应该追求道德理想的实现，当生命与道德发生冲突时，人不应该苟且偷生。这是一种道德优先，或者说价值优先的原则。

读《孟子》，给人留下印象最深之一的是：孟子是下定决心要吃"熊掌"的，熊掌喻义，"舍生取义"，疾雷破山，飘风振海，于是有"浩然之气"。不啻如此，孟子觉得，他自己讲"义""气"还远不够，更要同类相似，推而广之，上至天子王侯，下到匹夫匹妇，概莫例外。此或不无天真迂阔，然气魄之大，取法之高，不能不令人肃然起敬。

孟子关于追求理想人格的思想，是中国传统文化中的精华，在中国历史上放射出经久夺目的光辉。中国历史上无数志士仁人、忠臣英烈，他们为真理和正义而勇于献身的壮举，可以说都在回应孟子"舍生取义"的精神，都程度不同地受到了孟子思想的感染。

3. 圣人之徒

本节第一段孟子对公孙丑说自己有"知言"的本事，又表达了他要学孔子的志向。最后那段引文较有趣，孔子的学生把老师捧上了天，孔子会喜欢么？

第二段说"为善"。孟子以先贤为例，说明"为善"的层次和境界：子路闻过则喜；大禹闻善则拜；而更高的境界则是舜，因为他乐取他人善行、能带动别人一起行善。确实，在善的面前，是无你我之分的。

第三段，说伯夷和柳下惠都是有德之人，但在孟子看来仍有不足。儒家强调"中庸"，这才是孟子认可的安身立命之道。

第四段，说齐破燕及吞燕后，引起各诸侯国不满，在诸侯帮助下，燕人拥立燕王哙之庶子平为王，是为燕昭王。齐军由于得不到燕国民众支持，不得不撤回。这就是本章开首所说的"燕人畔"。当齐宣王意欲吞燕，招致诸侯反对而合谋救燕时，孟子曾劝宣王"王速出令，反其旄倪，止其重器，谋于燕众，置君而后去之，则犹可及止也"（见《梁惠王下》）。但宣王不听，所以现在就有"吾甚惭于孟子"之叹。大臣陈贾不仅不劝说齐王检讨自己，反而想玩语言游戏，以"圣人也有过失"的遁辞来为齐王的错误辩解，结果遭到孟子的严厉驳斥，这也是理所应当的。此事发生后不久，孟子就离开齐国了。

第五段是孟子对杨朱、墨翟思想的批判，讲评中细说。

第六段，说"圣人"虽有地域、时代的不同，但他们所作所为的准则却是没有什么差别的，这也就是"圣人"之所以为"圣人"的原因所在。

第七段赞美夏、商、周三代圣君的德行。按赵岐的观点，本章重点在于强调周公能集前代圣君的大成；朱熹注引程颐的观点认为，这是孟子抽取各位圣君最突出的优点，并非说他们只有一个方面的优点。

第八段讲《诗》与《春秋》中都含有褒善贬恶的"大义"，即历代专治《春秋》的经学家们所说的"微言大义"。这里关涉经学史的一些问题，略作介绍：《诗》是我国最早的诗歌总集。自汉武帝立"五经博士"，《诗》开始称作《诗经》。《诗》之结集，一般认为是得力于周王室的采诗制度。据汉代典籍追记，周代有采诗、献诗的习尚，王室派"行人"（又名"道人"）采诗，由太师总汇编纂。《汉书·艺文志》称："孟春之月，行人振木铎徇于路以采诗，献之太师，比其音律，以闻于天子。" 这种说法或以为受汉代乐府制度"采诗观风"的启示。但参之《国语》的"故天子听政，使公卿至于列士献诗，瞽献曲"（《国语·周语》）之说，又对照周代官制确有"行人"、"太师"等职守，再考之《诗》的作者阶层广泛、涉及地域辽阔，周代有采诗、献诗之制，基本是可信的。到春秋中叶，周王室衰微，政令不及于列国，采诗之制也大致终结，即如孟子所说："王者之迹熄而《诗》亡，《诗》亡然后《春秋》作。"至于《春秋》，本是通名，泛指西周末期至东周各诸侯国的编年国史，如墨子就曾读过当时各国的《春秋》，说"吾见百国《春秋》"（《墨子·明鬼》），还具体提到了周、燕、宋、齐等国的"《春秋》"。为何把史书名之曰"春秋"，据杜预在《春秋左氏经传集解序》中说："记事者以事系日，以日系月，以月系时，以时系年，所以记远近，别同异也。故史之所记，必表年以首事，年有四时，故错举以为所记之名也。" 至于现在通行的、被称之为"经"的《春秋》，据说是孔子对鲁国的《春秋》加以整理删定后的专名。有关其中许多具体的问题，经学家有不少争论，这里就不多谈了。

第九段说孟子师承。司马迁说孟子"受业于子思之门人"，但"子思之门人"到底是谁？不知道。从中唐韩愈起，不少学者都说孟子的老师是子思，子思的老师是曾参，此说后来虽流传甚广，但没有确切证据。据此章所言，孟子肯定不是子思的及门弟子，"私淑诸人"的那个"人"到底是谁？至尽仍是一个谜。

第十段讲圣贤的时代、地位、行为或有不同，但处世的态度其实是一样；而所谓一样，就是根据具体情况做出不同的反映。朱熹说："此章言圣贤心无不同，事则所遭或异，然处之各当其理，是乃所以为同也。"

第十一段言孟子初到齐国(据一些专家考定为第二次游齐，即齐宣王继位后之游齐),当时孟子已颇有名气,因此齐宣王曾让人私下观察孟子,是否真与常人不同,于是就有了孟子的这番话。孟子的意思是,圣贤也是人,言谈举止与常人并无不同,所不同的只是内在德行罢了。

第十二段仍以舜为代表,讨论儒家重视的"君臣"、"父子"这些"大义"问题。孟子要申论和强调的关键,无非在于要注意双方间既有从属关系,又不能有所偏废,这可说是孟子的一贯思想。本章中,孟子提出了中国诗学中的一个重要命题——"以意逆志",认为在解说诗歌时,不能仅抓住其中的片言只语就望文生义,也不能因某些艺术的夸张修饰而对之作机械的理解;而是必须用心去领会作品全篇的精神实质,再加上自己的切身体会,去探求作者的志趣意向。孟子的这一命题,受到历代诗家重视,成为中国古代诗评中的一个重要术语。

第十三段说伊尹相成汤之事。历史上有关伊尹如何进身方面的传说颇多,且并不好听。孟子对这些传说予以了断然否认。这实际不是很重要,重要的是孟子在这里提出了儒家的一个重要思想,即所谓"使先知觉后知,使先觉觉后觉也。予,天民之先觉者也;予将以斯道觉斯民也。非予觉之,而谁也?"这种"舍我其谁"的担戴精神,也就是儒家之所以会选择"入世"做事的一个基本的思想基础。后来宋儒有"为天地立心,为生民立命,为往圣继绝学,为万世开太平"的理想,其思想渊源即来自孟子。

第十四段讲孔子行事有一定的原则,而原则就是礼和义,即使在危难之中,这种原则也不会改变。

第十五段与第十二段意思相近。关于百里奚的传说,古籍颇多记载,而所说与万章之言基本不差。孟子以他们为贤者,故语多回护,朱熹《集注》引范氏语曰:"伊尹、百里奚之事,皆圣贤出处之大节,故孟子不得不辩。"

第十六段讲伯夷、伊尹、柳下惠虽是圣人,但都嫌不足,只有孔子才是集大成者。孟子用射箭作喻,认为孔子巧力兼备,所以能在百步之外射中目标。

　　第十七段,淳于髡曾因对孟子坚持原则的做法不满而给孟子出过难题(见本书第二篇第三节),结果给孟子驳了回去。这次他又发难了,先是批评孟子不应该在没有建功立业的情况下就离开齐国;继而又讥刺孟子不是贤者,纵然不离开齐国,也未必能有所作为。孟子则给予了正面的驳斥,指出:治国必须要任用贤者,这是不容怀疑的;而在如何界定"仁"的问题上,则贤者有自己的准则,而这些准则又不会违背总体上一致的取向;因此,圣贤的用心与行事,并不是常人所能轻易理解的。看来淳于髡确实不喜欢孟子这个人,否则就会知道:孟子不过是性格倔强,自负甚高,看不惯世俗的卑污而已。真所谓"道不同不相为谋"。

　　第十八段讲大舜从善如流,也间接说明圣人与常人在起点上并无差异。

　　第十九段,先说境界,人只有达到一定的层次才会有一定的境界;其次讲循序渐进,圣人之道虽然弘大,境界甚高,却是有根基的,有志于圣人之道固然重要,但只是起点,不经过修养,没达到一定阶段还是不能通达。

　　第二十段怀疑《尚书·武成》篇的真实性,为武王伐纣辩护。《尚书》是上古文献,儒家尊为经典。但孟子认为,即使对经典,也不能盲目崇信,所谓"尽信《书》则不如无《书》"。这与他说《诗》主张"不以文害辞,不以辞害志,以意逆志"的思想是一致的。

　　第二十一段讲圣人随遇而安,真是"君子所性,虽大行不加焉,虽穷居不损焉,分定故也"。

　　第二十二段表彰伯夷、柳下惠的高风亮节。

　　第二十三段说孔子去国之道。

　　第二十四段讲孔子在陈、蔡两国所以被困,是因他不与两国君臣交往。言外之意是,孔子不是困于其道,而是困于小人。

　　第二十五段孟子用《诗》安慰貉稽,认为孔子、周公这样的人在世时也遭小人诋毁,只要自己问心无愧,那就让他们说去吧。

　　第二十六段列举了历史上每隔五百年产生的圣王贤相,与孟子"五百年必有王者兴，其间必有名世者"(《公孙丑下》)的信念若合符契。孟子在感叹孔子后继无人的同时，又隐然以继承者自勉。将此章作为《孟子》全书的结尾，显然具有深意。

（公孙丑曰：）"何谓知言？"

（孟子）曰："诐辞知其所蔽，淫辞知其所陷，邪辞知其所离，遁辞知其所穷①。生于其心，害于其政；发于其政，害于其事。圣人复起，必从吾言矣。"

"宰我、子贡善为说辞；冉牛、闵子、颜渊善言德行②；孔子兼之，曰：'我于辞命，则不能也。'然则夫子既圣矣乎？"

曰："恶！是何言也！昔者子贡问于孔子曰：'夫子圣矣乎？'孔子曰：'圣则吾不能，我学不厌而教不倦也。'子贡曰：'学不厌，智也；教不倦，仁也。仁且智，夫子既圣矣。'夫圣，孔子不居。是何言也！"

"昔者窃闻之：子夏、子游、子张皆有圣人之一体，冉牛、闵子、颜渊则具体而微，敢问所安③？"

曰："姑舍是。"

曰："伯夷、伊尹何如④？"

曰："不同道。非其君不事，非其民不使；治则进，乱则退，伯夷也。何事非君，何使非民；治亦进，乱亦进，伊尹也。可以仕则仕，可以止则止，可以久则久，可以速则速，孔子也。皆古圣人也，吾未能有行焉。乃所愿，则学孔子也。"

"伯夷、伊尹于孔子，若是班乎⑤？"

曰："否。自有生民以来，未有孔子也。"

曰："然则有同与？"

曰："有。得百里之地而君之，皆能以朝诸侯、有天下；行一不义、杀一不辜而得天下，皆不为也。是则同。"

曰："敢问其所以异。"

曰："宰我、子贡、有若，智足以知圣人，汙不至阿其所好⑥。宰我曰：'以予观于夫子，贤于尧舜远矣。'子贡曰：'见其礼而知其政，闻其乐而知其德，由百世之后，等百世之王⑦，莫之能违也。自生民以来，未有夫子也。'有若曰：'岂惟民哉？麒麟之于走兽，凤凰

179

之于飞鸟，太山之于丘垤，河海之于行潦，类也⑧。圣人之于民，亦类也。出于其类，拔乎其萃，自有生民以来，未有盛于孔子也。'"

——《公孙丑上》

① 诐：偏颇。蔽：遮蔽。淫：过分。陷：失误。邪：邪僻。离：背离。遁：逃避。穷：理屈。
② 宰我：宰予。子贡：端木赐。冉牛：冉耕。闵子：闵损。颜渊：颜回。都是孔子弟子。
③ 子游：言偃。子张：颛孙师。都是孔子弟子。一体：一肢，一部分。具体而微：大体具备而规模较小。安：自居。
④ 姑舍是：暂且不谈这个。伯夷：商末孤竹君长子，与弟叔齐互让王位而出逃，武王灭商后，与叔齐隐居首阳山，不食周粟而死。伊尹：商汤之相，曾放逐太甲。
⑤ 班：齐等。
⑥ 有若：孔子弟子。汙：下。
⑦ 等：评价。
⑧ 垤：土堆。行潦：路上积水。类：同类。

　　孟子曰："子路，人告之以有过则喜，禹闻善言则拜。大舜有大焉①，善与人同，舍己从人，乐取于人以为善。自耕稼、陶、渔以至为帝②，无非取于人者。取诸人以为善③，是与人为善者也。故君子莫大乎与人为善。"

——《公孙丑上》

① 有：通又。
② 耕稼、陶、渔：种地、制陶、捕鱼。
③ 取诸人以为善：吸取别人优点来行善。

　　孟子曰："伯夷，非其君不事，非其友不友；不立于恶人之朝，不与恶人言；立于恶人之朝，与恶人言，如以朝衣、朝冠坐于涂炭①。推恶恶之心②，思与乡人立，其冠不正，望望然去之③，若将浼焉④。是故诸侯虽有善其辞命而至者，不受也。

不受也者，是亦不屑就已。柳下惠不羞汙君⑤，不卑小官；进不隐贤，必以其道；遗佚而不怨⑥，阨穷而不悯⑦。故曰：'尔为尔，我为我，虽袒裼裸裎于我侧⑧，尔焉能浼我哉？'故由由然与之偕而不自失焉⑨，援而止之而止⑩。援而止之而止者，是亦不屑去已。"

孟子曰："伯夷隘，柳下惠不恭。隘与不恭，君子不由也⑪。"

——《公孙丑上》

① 涂炭：涂，污泥；炭，炭灰。
② 恶恶：厌恶。
③ 望望然：不满的样子。
④ 浼：污。
⑤ 柳下惠：展氏，名获，字禽，春秋时鲁国大夫，因食封柳下，谥惠，故名。
⑥ 遗佚：不被起用。
⑦ 阨穷：穷困。
⑧ 袒裼裸裎：赤身露体。
⑨ 由由然：自得的样子。
⑩ 援而止之：挽留他。
⑪ 由：行。

燕人畔①。王曰："吾甚惭于孟子。"

陈贾曰②："王无患焉。王自以为与周公孰仁且智？"

曰："恶！是何言也！"

曰："周公使管叔监殷，管叔以殷畔③。知而使之，是不仁也；不知而使之，是不智也。仁智，周公未之尽也，而况于王乎？贾请见而解之。"

见孟子，问曰："周公何人也？"

曰："古圣人也。"

曰："使管叔监殷，管叔以殷畔也，有诸？"

曰："然。"

曰："周公知其将畔而使之与？"

孟子见齐宣王

曰："不知也。"

"然则圣人且有过与？"

曰："周公，弟也；管叔，兄也。周公之过，不亦宜乎？且古之君子，过则改之；今之君子，过则顺之。古之君子，其过也，如日月之食，民皆见之；及其更也，民皆仰之。今之君子，岂徒顺之，又从为之辞④。"

——《公孙丑下》

① 畔：通叛。
② 陈贾：齐国大夫。
③ 使管叔监殷，管叔以殷畔：武王灭商后，封纣子武庚为诸侯，派管叔、蔡叔监视。武王死，成王年幼，周公摄政，管、蔡挟持武庚造反，被周公诛杀。
④ 辞：辩解。

公都子曰①："外人皆称夫子好辩，敢问何也？"

孟子曰："予岂好辩哉？予不得已也。天下之生久矣，一治一乱。

"当尧之时，水逆行，泛滥于中国，蛇龙居之，民无所定，下者为巢，上者为营窟②。《书》曰：'洚水警余③。'洚水者，洪水也。使禹治之。禹掘地而注之海，驱蛇龙而放之菹④。水由地中行，江、淮、河、汉是也。险阻既远，鸟兽之害人者消，然后人得平土而居之。

"尧舜既没，圣人之道衰，暴君代作，坏宫室以为汙池，民无所安息；弃田以为园囿，使民不得衣食。邪说暴行又作，园囿、汙池、沛泽多而禽兽至。及纣之身，天下又大乱。周公相武王，诛纣伐奄，三年讨其君，驱飞廉于海隅而戮之⑤，灭国者五十，驱虎、豹、犀、象而远去，天下大悦。《书》曰：'丕显哉，文王谟！丕承哉，武王烈！佑启我后人，咸以正无缺⑥。'

"世衰道微，邪说暴行有作，臣弑其君者有之，子弑其父者有之。孔子惧，作《春秋》。《春秋》，天子之事也。是故孔子曰：'知我者，其惟《春秋》乎！罪我者，其惟《春秋》乎！'

"圣王不作，诸侯放恣，处士横议⑦，杨朱、墨翟之言盈天下⑧，天下之言不归杨，则归墨。杨氏为我，是无君也；墨氏兼爱，是无父也。无父无君，是禽兽也。公明仪曰：'庖有肥肉，厩有肥马，民有饥色，野有饿莩，此率兽而食人也。'杨墨之道不息，孔子之道不著，是邪说诬民，充塞仁义也。仁义充塞，则率兽食人，人将相食。吾为此惧，闲先圣之道⑨，距杨墨，放淫辞，邪说者不得作。作于其心，害于其事；作于其事，害于其政。圣人复起，不易吾言矣。

"昔者，禹抑洪水而天下平，周公兼夷狄、驱猛兽而百姓宁，孔子成《春秋》而乱臣贼子惧。《诗》云：'戎狄是膺，荆舒是惩，则莫我敢承。'无父无君，是周公所膺也。我亦欲正人心，息邪说，距诐行, 放淫辞, 以承三圣者, 岂好辩哉? 予不得已也。能言距杨墨者, 圣人之徒也。"

——《滕文公下》

---

① 公都子: 孟子弟子。
② 营窟: 相连的洞穴。
③ 《书》:《尚书》逸篇。警余: 警告我。
④ 菹: 草泽。
⑤ 飞廉: 纣臣。
⑥ 《书》:《尚书》逸篇。丕显: 大明。谟: 谋。
⑦ 处士: 居家不做官的士人。
⑧ 杨朱: 战国时人, 道家隐士, 无书。墨翟: 墨家创始人, 思想见于《墨子》。
⑨ 闲: 捍卫。

孟子曰: "舜生于诸冯, 迁于负夏, 卒于鸣条①, 东夷之人也。文王生于岐周, 卒于毕郢②, 西夷之人也。地之相去也千有余里, 世之相后也千有余岁。得志行乎中国, 若合符节③, 先圣后圣, 其揆一也④。"

——《离娄下》

---

① 诸冯、负夏、鸣条: 都是东方地名。
② 岐周: 岐山下的周朝旧邑, 在今陕西岐山县东北。毕郢: 地名, 在今陕西咸阳市东。
③ 符节: 符、节都是信物, 剖为两半, 各执其一, 相合无间, 以为凭信。
④ 揆: 道理。

孟子曰: "禹恶旨酒而好善言①。汤执中, 立贤无方②。文王视民如伤, 望道而未之见③。武王不泄迩④, 不忘远。周公思兼三王, 以施四事⑤, 其有不合者, 仰而思之, 夜以继日, 幸而得之, 坐以待旦。"

——《离娄下》

① 旨酒：美酒。
② 方：定规。
③ 而：如。
④ 泄迩：轻慢近臣。迩，近。
⑤ 三王：夏、商、周三代君王。四事：禹、汤、文、武的功业。

　　孟子曰："王者之迹熄而《诗》亡，《诗》亡然后《春秋》作①。晋之《乘》，楚之《梼杌》，鲁之《春秋》②，一也：其事则齐桓、晋文；其文则史；孔子曰：'其义则丘窃取之矣③。'"

——《离娄下》

① 《春秋》：指孔子根据鲁国史记修订的《春秋》。
② 《乘》、《梼杌》、《春秋》：春秋各国史记之名。
③ 义：《诗》的褒贬大义。

　　孟子曰："君子之泽，五世而斩①；小人之泽，五世而斩。予未得为孔子之徒，予私淑诸人也②。"

——《离娄下》

① 泽：影响。斩：绝。
② 私淑：私下取法。淑通叔，取。

　　禹、稷当平世，三过其门而不入①，孔子贤之。颜子当乱世，居于陋巷，一箪食，一瓢饮，人不堪其忧，颜子不改其乐，孔子贤之。孟子曰："禹、稷、颜回同道。禹思天下有溺者，由己溺之也；稷思天下有饥者，由己饥之也，是以如是其急也。禹、稷、颜子易地则皆然。今有同室之人斗者，救之，虽被发缨冠而救之可也②；乡邻有斗者，被发缨冠而往救之，则惑也，虽闭户可也。"

——《离娄下》

① 稷：尧的农官，名弃，周朝始祖。
② 被发：披头散发。缨冠：系帽。缨，帽带。

> 储子曰①："王使人瞯夫子②，果有以异于人乎？"
>
> 孟子曰："何以异于人哉？尧舜与人同耳。"
>
> ——《离娄下》

① 储子：齐国大臣。
② 瞯：窥。

　　咸丘蒙问曰①："语云：'盛德之士，君不得而臣，父不得而子。'舜南面而立，尧帅诸侯北面而朝之，瞽瞍亦北面而朝之。舜见瞽瞍，其容有蹙②。孔子曰：'于斯时也，天下殆哉岌岌乎③！'不识此语诚然乎哉？"

　　孟子曰："否，此非君子之言，齐东野人之语也。尧老而舜摄也。《尧典》曰④：'二十有八载，放勋乃徂落，百姓如丧考妣，三年，四海遏密八音⑤。'孔子曰：'天无二日，民无二王。'舜既为天子矣，又帅天下诸侯以为尧三年丧，是二天子矣。"

　　咸丘蒙曰："舜之不臣尧，则吾既得闻命矣。《诗》云⑥：'普天之下，莫非王土；率土之滨，莫非王臣⑦。'而舜既为天子矣，敢问瞽瞍之非臣，如何？"

　　曰："是诗也，非是之谓也。劳于王事而不得养父母也。曰：'此莫非王事，我独贤劳也⑧。'故说诗者，不以文害辞，不以辞害志，以意逆志，是为得之。如以辞而已矣，《云汉》之诗曰⑨：'周余黎民，靡有孑遗。'信斯言也，是周无遗民也。孝子之至，莫大乎尊亲；尊亲之至，莫大乎以天下养。为天子父，尊之至也；以天下养，养之至也。《诗》曰⑩：'永言孝思，孝思维则。'此之谓也。《书》曰：'祗载见瞽瞍，夔夔齐栗，瞽瞍亦允若⑪。'是为'父不得而子'也?"

——《万章上》

① 咸丘蒙：咸丘氏，名蒙，孟子弟子。
② 有蹙：不安。
③ 殆：危。
④ 《尧典》：《尚书》篇名。
⑤ 二十有八载：舜代尧摄政二十八年。放勋：尧名。徂落：死。百姓：此指百官。考妣：死去的父母。遏密：禁止。八音：用金石丝竹匏土革木八种材料制作的乐器，泛指音乐。

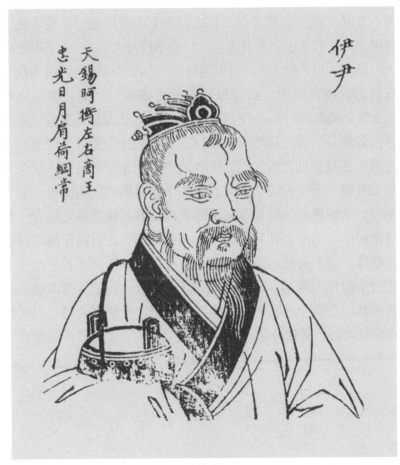

伊尹像

⑥ 《诗》：《诗经·小雅·北山》。
⑦ 率：循。
⑧ 贤劳：勤劳。
⑨ 《云汉》：《诗经·大雅·云汉》。
⑩ 《诗》：《诗经·大雅·下武》。
⑪ 《书》：《尚书》逸篇。祗：敬。夔夔齐栗：敬慎恐惧的样子。齐通斋。允：
　　信。若：顺。

　　万章问曰："人有言'伊尹以割烹要汤①'，有诸？"

　　孟子曰："否，不然。伊尹耕于有莘之野②，而乐尧舜之道焉。非其义也，非其道也，禄之以天下，弗顾也；系马千驷，弗视也。非其义也，非其道也，一介不以与人③，一介不以取诸人。汤使人以币聘之④，嚣嚣然曰⑤：'我何以汤之聘币为哉？我岂若处畎亩之中，由是以乐尧舜之道哉？'汤三使往而聘之，既而幡然改曰⑥：'与我处畎亩之中，由是以乐尧舜之道，吾岂若使是君为尧舜之君哉？吾岂若使是民为尧舜之民哉？吾岂若于吾身亲见之哉？天之生此民也，使先知觉后知，使先觉觉后觉也。予，天民之先觉者也；予将以斯道觉斯民也。非予觉之，而谁也？'思天下之民匹夫匹妇有不被尧舜之泽者，若己推而内之沟中。其自任以天下之重如此，故就汤而说之以伐夏救民。吾未闻枉己而正人者也，况辱己以正天下者乎？圣人之行不同也，或远，或近，或去，或不去，归洁其身而已矣。吾闻其以尧舜之道要汤，未闻以割烹也。《伊训》曰：'天诛造攻自牧宫，朕载自亳⑦。'"

——《万章上》

① 割烹：切肉烧菜。要：干求。
② 有莘：国名，在今河南陈留县东北。
③ 一介：一点。介通芥。
④ 币：束帛，又泛指聘礼。
⑤ 嚣嚣然：自得的样子。
⑥ 幡：通翻。

⑦ 《伊训》:《尚书》逸篇。造:始。牧宫:夏桀的王宫。朕:伊尹自称。载:
始。亳:殷都。

　　万章问曰:"或谓孔子于卫主痈疽①,于齐主侍人瘠环②,有诸
乎?"

　　孟子曰:"否,不然也,好事者为之也。于卫主颜雠由③。
弥子之妻与子路之妻,兄弟也④。弥子谓子路曰:'孔子主我,
卫卿可得也。'子路以告。孔子曰:'有命。'孔子进以礼,
退以义,得之不得曰'有命'。而主痈疽与侍人瘠环,是无义
无命也。孔子不悦于鲁、卫⑤,遭宋桓司马将要而杀之⑥,微服
而过宋。是时孔子当阨,主司城贞子⑦,为陈侯周臣⑧。吾闻观
近臣,以其所为主;观远臣,以其所主。若孔子主痈疽与侍人
瘠环,何以为孔子?"

——《万章上》

① 主痈疽:住在痈疽家。痈疽,《史记·孔子世家》作雍渠,卫灵公的宦官。
② 侍人:宦官。
③ 颜雠由:《孔子世家》作颜浊邹,卫国贤大夫。
④ 弥子:卫灵公宠臣弥子瑕。兄弟:指姐妹。
⑤ 孔子不悦于鲁、卫:孔子在鲁国和卫国不得志。事见《孔子世家》。
⑥ 宋桓司马:宋国司马桓魋。要:拦截。
⑦ 司城贞子:陈国大臣。
⑧ 陈侯周:陈怀公之子,名周。

　　万章问曰:"或曰:'百里奚自鬻于秦养牲者五羊之皮,食牛以
要秦穆公①。'信乎?"

　　孟子曰:"否,不然,好事者为之也。百里奚,虞人也。晋人以垂
棘之璧与屈产之乘,假道于虞以伐虢②。宫之奇谏③,百里奚不谏。
知虞公之不可谏而去之秦,年已七十矣,曾不知以食牛干秦穆公之
为汙也,可谓智乎?不可谏而不谏,可谓不智乎?知虞公之将亡而

伯夷像

先去之，不可谓不智也。时举于秦，知穆公之可与有行也而相之④，可谓不智乎？相秦而显其君于天下，可传于后世，不贤而能之乎？自鬻以成其君，乡党自好者不为，而谓贤者为之乎？"

——《万章上》

① 百里奚：春秋时人，原为虞国大夫，虞亡后辗转入秦，后助秦穆公建霸业。鬻：卖。食：喂。要：干求。
② 垂棘之璧：垂棘所产的玉。屈产之乘：屈地所产的良马。假道：借路。晋人假道于虞以伐虢，事见《左传》僖公二年和僖公五年。
③ 宫之奇：虞国大臣。
④ 有行：有为。

　　孟子曰："伯夷目不视恶色，耳不听恶声，非其君不事，非其民不使，治则进，乱则退。横政之所出①，横民之所止，不忍居也。思与乡人处，如以朝衣朝冠坐于涂炭也。当纣之时，居北海之滨，以待天下之清也。故闻伯夷之风者，顽夫廉②，懦夫有立志。

　　"伊尹曰：'何事非君，何使非民？'治亦进，乱亦进，曰：'天之生斯民也，使先知觉后知，使先觉觉后觉也。予，天民之先觉者也；予将以此道觉此民也。'思天下之民匹夫匹妇有不与被尧舜之泽者，若己推而内之沟中。其自任以天下之重也。

　　"柳下惠不羞汙君，不辞小官。进不隐贤，必以其道。遗佚而不怨，阨穷而不悯。与乡人处，由由然不忍去也。'尔为尔，我为我，虽袒裼裸裎于我侧，尔焉能浼我哉？'故闻柳下惠之风者，鄙夫宽，薄夫敦③。

　　"孔子之去齐，接淅而行④；去鲁，曰：'迟迟吾行也，去父母国之道也。'可以速而速，可以久而久，可以处而处，可以仕而仕，孔子也。"

　　孟子曰："伯夷，圣之清者也；伊尹，圣之任者也；柳下惠，圣之和者也；孔子，圣之时者也。孔子之谓集大成。集大成也者，金声而玉振之也⑤。金声也者，始条理也；玉振之也者，终条理也。始条理者，智之事也；终条理者，圣之事也。智，譬则巧也；圣，譬则力也。由射于百步之外⑥，其至，尔力也；其中，非尔力也。"

——《万章下》

---

① 横：暴。
② 顽：贪。
③ 鄙：狭。敦：厚。
④ 接淅：漉干淘米水。淅，淘米水。
⑤ 金声：金，钟类；声，开始。玉振：玉，磬类；振，收束。
⑥ 由：通犹。

淳于髡曰："先名实者①，为人也；后名实者，自为也。夫子在三卿之中，名实未加于上下而去之②，仁者固如此乎？"

孟子曰："居下位，不以贤事不肖者，伯夷也。五就汤、五就桀者，伊尹也。不恶汙君，不辞小官者，柳下惠也。三子者不同道，其趋一也。一者何也？曰：仁也。君子亦仁而已矣，何必同？"

曰："鲁缪公之时，公仪子为政，子柳、子思为臣③，鲁之削地也滋甚。若是乎贤者之无益于国也！"

曰："虞不用百里奚而亡，秦穆公用之而霸。不用贤则亡，削何可得与？"

曰："昔者王豹处于淇而河西善讴④，绵驹处于高唐而齐右善歌⑤，华周、杞梁之妻善哭其夫而变国俗⑥。有诸内，必形诸外。为其事而无其功者，髡未尝睹之也。是故无贤者也，有则髡必识之。"

曰："孔子为鲁司寇，不用，从而祭，燔肉不至，不税冕而行⑦。不知者以为为肉也，其知者以为为无礼也。乃孔子则欲以微罪行，不欲为苟去。君子之所为，众人固不识也。"

——《告子下》

① 先：重视。名：名誉。实：功业。
② 三卿：上卿、亚卿、下卿。上下：君民。
③ 公仪子：公仪休，鲁国博士，曾任鲁相。子柳：泄柳。
④ 王豹：卫国善歌者。淇：水名。河西：黄河以西，指卫国。
⑤ 绵驹：齐国善歌者。高唐：地名。齐右：齐国西部，古以右为西。
⑥ 华周、杞梁：齐国大臣，相传两人战死后，其妻痛哭，国人仿效，善哭成风。
⑦ 燔肉：祭肉。不税冕：不脱帽。税通脱；冕，祭祀戴的礼帽。

孟子曰："舜之居深山之中，与木石居，与鹿豕游，其所以异于深山之野人者几希。及其闻一善言，见一善行，若决江河，沛然莫之能御也①。"

——《尽心上》

① 决江河: 江河决口。御: 阻挡。

　　孟子曰: "孔子登东山而小鲁①, 登泰山而小天下。故观于海者难为水, 游于圣人之门者难为言。观水有术, 必观其澜。日月有明, 容光必照焉②。流水之为物也, 不盈科不行③。君子之志于道也, 不成章不达④。"

——《尽心上》

---

① 东山: 山名, 在今山东蒙阴县南。
② 容光: 容纳光线。
③ 科: 坎, 洼地。
④ 成章: 曲终为章, 由此引申, 事物达到一定阶段就说成章。

　　孟子曰: "尽信《书》①, 则不如无《书》。吾于《武成》②, 取二三策而已矣③。仁人无敌于天下, 以至仁伐至不仁, 而何其血之流杵也④?"

——《尽心下》

---

① 《书》:《尚书》。
② 《武成》:《尚书》逸篇, 记武王伐纣事。
③ 策: 竹简。
④ 杵: 舂米用的棒槌。

　　孟子曰: "舜之饭糗茹草也①, 若将终身焉。及其为天子也, 被袗衣②, 鼓琴, 二女果③, 若固有之。"

——《尽心下》

---

① 饭糗: 吃干粮。茹草: 吃野菜。
② 袗衣: 细葛单衣。
③ 果: 侍。

　　孟子曰："圣人，百世之师也，伯夷、柳下惠是也。故闻伯夷之风者，顽夫廉①，懦夫有立志；闻柳下惠之风者，薄夫敦，鄙夫宽②。奋乎百世之上，百世之下闻者莫不兴起也，非圣人而能若是乎？而况于亲炙之者乎③？"

——《尽心下》

① 顽：贪。
② 敦：厚。鄙：狭。
③ 亲炙：亲受熏陶。

　　孟子曰："孔子之去鲁，曰：'迟迟吾行也①，去父母国之道也。'去齐，接淅而行②，去他国之道也。"

——《尽心下》

① 迟迟：慢慢。
② 接淅：漉干淘米水。

　　孟子曰："君子之厄于陈、蔡之间①，无上下之交也②。"

——《尽心下》

① 君子：指孔子。厄：通厄，困。
② 上下：陈、蔡两国君臣。

　　貉稽曰①："稽大不理于口②。"
　　孟子曰："无伤也。士憎兹多口。《诗》云：'忧心悄悄，愠于群小③'，孔子也。'肆不殄厥愠，亦不殒厥问④'，文王也。"

——《尽心下》

① 貉稽：貉氏，名稽。

② 不理于口: 被人说坏话。理, 顺。
③ 《诗》:《诗经·邶风·柏舟》。悄悄: 忧愁的样子。愠: 怒。
④ 肆不殄厥愠, 亦不殒厥问: 不能消除别人的怨恨, 也不失去自己的名声。
　　见《诗经·大雅·绵》。肆, 故; 殄, 绝; 殒, 坠; 问, 闻。

　　孟子曰:"由尧、舜至于汤五百有余岁, 若禹、皋陶则见而知之, 若汤则闻而知之。由汤至于文王五百有余岁, 若伊尹、莱朱则见而知之①, 若文王则闻而知之。由文王至于孔子五百有余岁, 若太公望、散宜生则见而知之②, 若孔子则闻而知之。由孔子而来至于今百有余岁, 去圣人之世若此其未远也, 近圣人之居若此其甚也③, 然而无有乎尔, 则亦无有乎尔。"

——《尽心下》

① 莱朱: 商汤贤臣。
② 散宜生: 散宜氏, 周文王贤臣, 后佐武王灭商。
③ 居: 家乡。

　　战国时代, 政治上虽说是乱象丛生, 动荡不安, 但在思想文化上却又是灿烂辉煌, 可圈可点的。当时所谓的"诸子蜂起, 百家争鸣", 那可是中国历史上一个难以逾越的思想文化之高峰。

　　战国的诸子, 号称"百家", 实际并没有那么多, "九流十家"而已。司马谈撰《论六家要旨》, 分为阴阳、儒、墨、名、法、道六家; 后来刘歆作《七略》, 归为儒、墨、道、名、法、阴阳、农、纵横、杂、小说十家。"十家"除去"小说家", 就称之为"九流"。

　　战国时期所以会出现"诸子百家"之学, 原因很多, 如社会结构的巨变、社会生产的发展、文化的普及、"士"阶层的活跃等, 这都无遑多论, 仅简单说说当时统治者"礼贤下士"的风气：战国有著名的"四公子"——齐国的孟尝君（田文）、赵国的平原君（赵胜）、魏国的信陵君（魏无忌）和楚国的春申君（黄歇），他们可都是以能"养士"而闻名天下的。最典型的当数齐国出现的"稷下学宫"，它设在齐国的都城临淄（今山东淄博市）稷门（西边南首门）附近地区。学宫创建于齐桓公时，到宣王时达到鼎盛。鼎盛期的稷下学宫，一度曾容纳了当时"诸子百家"中的几乎所有学派，其中主要的如儒、道、法、名、兵、农、阴阳诸家，而汇集天下贤士多达千人左右，其中著名的如孟子、淳于髡、邹衍、田骈、慎到、接予、季真、环渊、彭蒙、宋钘、尹文、田巴、兒说、鲁仲连、荀子等。当时，凡到稷下学宫的文人学者，无论其学术派别、思想观点、政治倾向，以及国别、年龄、资历等如何，都可以自由地发表自己的学术见解，这使得稷下学宫成为当时各学派荟萃的中心。齐国统治者对这些学者采取了十分优礼的态度，封了不少著名学者为"上大夫"，并"受上大夫之禄"，即拥有相应的爵位和俸养，允许他们"不治而议论"（《史记·田敬仲完世家》），"不任职而论国事"（《盐铁论·论儒》）。这些学者们互相争辩、诘难、吸收，真正体现出了"百家争鸣"的精神。

面对当时这样的思想格局，以"圣人之徒"和儒学捍卫者自居的孟子，当然不能袖手旁观。于是"攻乎异端"、"拨乱反正"，对各家各派学说进行批判，自然就成为他的重要使命之一，用他本人的话说就是"我亦欲正人心，息邪说，距诐行，放淫辞，以承三圣者"。孟子也因此背上了"好辩"之名，但他自认为

稷下学宫图

这是"不得已"的。就事论事，无论从逻辑推论、语言技巧、判断能力、应变策略诸方面看，孟子的确称得上是个辩论高手。他也自称"我知言"，"诐辞知其所蔽，淫辞知其所陷，邪辞知其所离，遁辞知其所穷"。孟子"好辩"表现在多方面，如与人讨论、政治游说、思想争辩等。这里谈思想层面的争辩，即主要对其他学派的批判。在这方面,最著名的如斥告子的人性论,距杨朱、墨子的"为我"、"兼爱"思想和驳许行的"并耕"思想。斥告子和驳许行前面已经论及,就简单看看孟子对杨朱、墨翟思想的批判吧。

孟子之所以要"距杨、墨",不外乎两点原因:其一,孔子也讲"攻乎异端",私淑孔门、以学孔子为志向的孟子当然要承此传统,"能言距杨墨者,圣人之徒也";其二,也是更重要的,是因为当时这两家的思想影响太大了,"圣王不作,诸侯放恣,处士横议,杨朱、墨翟之言盈天下,天下之言不归杨,则归墨"。而两家之言都与儒家思想不合。

杨朱是道家中人,生于孟子之前,其生卒年代已不可考,大约生活在战国初期。杨朱无书,也许是失传了,也许是根本没有写。鲁迅说:"墨子兼爱,杨子为我。墨子当然要著书;杨子就一定不著,这才是'为我'。因为若做出书来给别人看,便变成'为人'了。"(《魏晋风度及文章与药及酒之关系》)在《孟子》、《庄子》、《韩非子》、《吕氏春秋》和《淮南子》这些战国至汉初的子书中,我们还能见到杨朱思想主张的一些零星片断,如"贵生"、"重己"、"为我";"全性葆真,不以物累形";"拔一毛而利天下不为也"等。孟子认为,杨朱"为我",其问题的实质就是"无君"。这个定性是否准确,大可讨论。因为杨朱讲的"为我",是既反对别人侵夺我、也反对我侵夺别人,这不是完全没有道理。但从儒家立场上看,孟子的定性又无可厚非。儒家强调稳定的社会等级秩序,主张尊卑有别,长幼有序,"君君、臣臣、父父、子子"。如人人"为我",强调个人,社会等级秩序就无法保证,那

"君"怎么办? 所以孟子说这是"无君", 再进一步上纲上线, "无君"就等于"禽兽"了。

墨家是当时与儒家齐名的"显学", 代表了社会下层劳动者的思想。墨子的核心思想是"兼爱", 所谓"兼相爱, 交相利"(《墨子·兼爱中》), 由此引申出其"非攻"、"节葬"、"非乐"等思想。与杨朱"为我"适成对应, 墨子是"摩顶放踵利天下为之"。孟子认为, 墨子"兼爱", 其问题的实质就是"无父"。大家知道, 儒家也讲"仁者爱人", 但儒家所讲是从人之常情出发的"爱有差等", 是一种推己及人、由近及远的爱, 所谓"老吾老以及人之老, 幼吾幼以及人之幼"。 而墨家所讲的是"爱无差等", 爱没有亲疏远近之分。这在孟子看来是泯灭了人与人之间的亲疏之别, 将人父等同于己父, 那就等于没有己父。这不仅不合常情, 而且上纲上线的话就是大逆不道, 所以也就又等于了"禽兽"。此外, 孟子还对墨家"薄葬"的理论也多有批驳, 见于其批评墨家学者夷之。

从上可以看到, 孟子骂人还骂得很凶, 似乎有失谦谦君子所应有的风度和雅量。但在"百家争鸣"的那个年代里, 思想交锋此起彼伏、尖锐异常, 大概除了淡泊自守的道家者流之外, 诸子中鲜有不骂人的。儒家中不仅孟子, 就是荀子, 骂人也是够厉害、够水准的。

本节的最后一段, 也就是《孟子》一书的最后一章。《孟子》的编者把此章作为全书之结, 似乎颇具深意。孟子是坚信"五百年必有王者兴, 其间必有名世者"的, 所以在此章中他叙述了历史上那些具有里程碑性质的"王者"和"名世者"。最后隐含着他对

亚圣庙

　　"道"之传统可能中断的忧患，同时也隐然地表示了他就是这一传统的继承者。由此，也就不难理解他为什么亟亟于"距杨、墨"，因为他早就铁了心要做"继统"的"圣人之徒"。唐宋之间，儒学复兴运动起，韩愈首倡儒家"道统"论，宋儒纷纷效仿，他们主要就是受了《孟子》此章的启发。后来经过一大批"尊孟"者的不懈努力，为孟子实现了夙愿，他终于能以私淑弟子的身份配享孔庙了。到元朝，文宗皇帝又加封他为"亚圣公"，那是锦上添花，"孔孟"最终并称连类。这样的事情大概是孟子生前所不曾想到的，否则他就不会发出"然而无有乎尔,则亦无有乎尔"的慨叹了。可是,孟子的书虽被尊为了"经",孟子的牌位也进了孔庙,但孟子的真精神到此时又剩下多少呢?

亚圣像

五、政治篇——王道仁政

　　本篇标题截取自《孟子》书中常见的两个政治术语——"王道"与"仁政"。孟子尝曰："养生丧死无憾,王道之始也。"(《梁惠王上》)又曰："尧舜之道,不以仁政,不能平治天下。"(《离娄上》)这两者中,"王道"是旧有的名词,"仁政"才是孟子发明的。实际上,它们是完全相通的,"仁政"就是"王道"的体现,就是"王道"的标志。

　　先秦儒家的思想核心,如用最简洁的话来概括,不外乎"内圣外王"或"修己安人"四个字,这固可视为通俗之谈,确也真是不易之论。所谓"内圣"就是强调"修己",即注重人的本性、人的内在道德品质及其修养的"心性之学";所谓"外王"就是强调"安人"、"安百姓",即注重人的社会政治实践和教化,注重国计民生及治国安邦的"经世之学"。这两者,在孔子创立儒学时就已形成,也是儒家思想不可或缺的两翼。至于它们的关系,可以说,心性之学是经世之学的思想基础,经世之学是心性之学的实践目标。换言之,儒家思想的最终落脚点是在经世这一层面上的,其最终关心的还是伦理、社会和政治问题。

　　作为先秦儒家重要代表人物之一的孟子,其思想自不例外,这本来没有多大疑问。但自宋代开始,儒家学者为回应佛教心性之学的挑战,在充分发掘先秦儒家心性之学资源的同时,逐渐也形成了一个颇为流行但却非常偏面的观点,认为孟子思想的本质就是心性之学。更有甚者,以为儒学乃至整个中国传统思想的核心就是心性之学,如港台新儒家中的一些学者。这可真是失之毫厘而谬之千里也!就是宋明的"心学"大师也从不这么认为，如陆九渊就说过："儒者虽至于无声、无臭、无方、无体，皆主经世。"（《与王顺伯》）"无声、无臭、无方、无体"是形上的世界、是心性的领域，儒者虽也要进入，但进入的目的还在于"经世"。至于王阳明的"外王"之功就不消多说了，一句话，在历史上所有儒家思想家中恐怕都难有人能望其项背。

确实，在先秦儒家中，孟子讨论心性问题最多，称他为儒家心性之学的实际开创者也不为过。但孟子重心性，并不表明他就轻社会政治。实际上，孟子所以要大谈心性，恰恰是与他的政治理想、政治目标紧紧结合一起的，恰恰是为了论证他的政治理念，恰恰是为他的政治理论服务的。所以，只有充分了解了孟子的政治思想，方能更好地把握他的心性之学。

本篇分为以下三节：

第一节"保民而王"，语出《梁惠王上》。孟子说民本。以民为本是儒家政治思想的传统之一，《尚书·太誓》（逸篇）中就有"天视自我民视，天听自我民听"之说，以后的儒者无不遵循这一传统。"民本"虽不是"民主"，但总比法家对民"有难则用其死，安平则尽其力"（《韩非子·六反》）要好多了。孟子的"民本"思想包含了"保民而王"、"民贵君轻"、"忧乐与民同"等内涵，更可贵的是基于"民本"思想孟子对现实社会黑暗的严厉批判，至今读来仍铿锵有力。

第二节"制民之产"，语出《梁惠王上》。孟子说民生。如何"保民而王"？让老百姓能活得下去是首要的、也是最基本的条件。"制民之产"就是讲如何能保证老百姓有最起码的生产资料和生活资料。

第三节"仁者无敌"，语出《梁惠王上》。孟子说政治理想。孟子认为，在"乱世无象"的战国时代，如能有国君行"仁政"，那就会取得事半功倍的成效，就会解民于倒悬，就会无敌于天下，最终就能"王天下"。事实当然"不果所言"、"见以为迂远而阔于事情"。然不如此，也就不是孟子了。

1. 保民而王

本节第一段说"保民而王"，这是孟子王道仁政的总纲。齐宣王问齐桓公、晋文公的霸业，孟子不愿谈"霸道"，干脆回绝，然后话锋一转就转到"王道"上去了。至于说孔门"无道桓、文之事"，那纯属遁辞。不仅孔门，就是孔子本人谈桓、文之事也不少，如《论语·宪问》中就有多条，"子曰：'晋文公谲而不正，齐桓公正而不谲'"；"桓公九合诸侯，不以兵车"；"管仲相桓公，霸诸侯，一匡天下，民到于今受其赐"等。孟子的回答颇让历代注家为难，赵岐、朱熹只能强解"无道"的"道"是"称颂"之意，显然未必符合孟子本意。

第二段说"民贵君轻"，很有名。这是孟子对殷商民本思想的继承和发展，也可说是本节的主题。

第三段是孟子对当时统治者的规劝——应该宝贵的绝不是金银财宝。

第四段论国之存亡系于民心，得民心者得天下。要想得民心，就须与百姓忧乐与共，想百姓所想，恶百姓所恶，而唯一途径就在于能行仁政。孟子还指出，要想得民心不是一蹴而就的，它有待于平时的不断积累、蓄存，就如同久病之人欲求放了多年的陈艾。

第五段，在孟子开导下，梁惠王心有所动，态度好了，愿意虚心请教。孟子先以问代答，用话扣住惠王。然后尖锐地指出，惠王治国根本没做到"为民父母"，反而有"率兽而食人"之弊。

第六段，说行"仁政"之于齐宣王，不是"不能"而是"不为"，从而杜绝了他任何可能的借口。这段文字很优美，其中的"力举百钧"、"明察秋毫"、"挟泰山以超北海"等，成为中国人耳熟能详的著名成语。

第七段，孟子尽管说过称王天下未必一定就是大国，但他还是认为，广博的国土和众多的人口，毕竟是称王的重要物质条件。所以，他还是寄希望于齐国这样的大国，认为如齐国这样的大国来行"仁政"，进而"王天下"，则易如反掌。同时，他也很注意时机问题，认为在当时战乱不已之世，行"仁政"可以收到事半功倍的效果和成就。

第八段说西伯养老而得民心。

第九段，说善服人不如善养人，前者不知人心，适得其反；后者从容不迫，事半功倍。

第十段告诫统治者，无论是役使还是刑罚，都必须是为了老百姓的利益。如果做到这样，即使劳累、即使杀人，也不会引起百姓的怨恨。

第十一段至第十五段讲与民同忧乐问题，很有名也很有趣，留待讲评中谈。

第十六段也有趣。与梁惠王比，齐宣王的态度较好，较老实也较坦白，对孟子亦有足够的尊重，尽管对孟子的劝说他与梁惠王一样不愿意听。同时，宣王又是个滑头家伙，很会转移话题。本章开头问的原是对外邦交的原则，孟子答以"以大事小"和"以小事大"的仁与智二种原则，宣王实在不想听。所以他就在中间打岔，转移话题，说自己有"好勇"的毛病。可这也没难倒孟子，孟子就顺着他的话题应变，以"王请大之"转出历史上的圣君周文王、周武王"大勇"的事迹，从而继续了他一贯的"王道"、"仁政"主张的宣传。

第十七段说"邹与鲁鬨"。邹国是孟子故乡，春秋时叫邾国，战国时改称邹，都城在今山东邹县，是与鲁国相邻的小国。邹鲁两国发生冲突，邹国官员在冲突中死了三十三人，而邹国的百姓没有去帮自己的官员，眼睁睁地看他们被鲁国人打死。邹穆公非常恼火，想处罚又碰到法不责众的难题，如不处罚又出不了这口气，于是就去问孟子。据清代学者周广业《孟子四考》中考证，此事约发生在孟子四十来岁在邹任官时期。孟子的回答，带有中国式的因果报应思想(当时佛教还未传入)，既然那些官员平时从不把老百姓当人看，灾荒时袖手旁观，任百姓抛尸荒野或四处流浪，那么，当这些官员被别人打了乃至打死，百姓不出手相救又有何怪？这是报应，不能怪百姓。然后孟子劝穆公"行仁政"，因为"仁政"的原则就是先让百姓有饭吃，再对百姓进行道德教育，让他们明理。据周氏引西汉贾谊的《新书》和刘向的《新序》云，邹穆公在孟子的教导下，幡然醒悟,施行"仁政",把邹国治理得不错。

第十八段说民心向背。话题虽围绕在军事方面,但所论的意义决不仅限于军事。所谓"得道者多助,失道者寡助",在理论上讲是通行于各种事务的,尽管在事实上未必都如此。孟子在此强调"道"的"得"与"失",还在于强调"民"这个重点上,因为无论"天时"还是"地利",终不及"人和"。

第十九段批评时政。孟子对当时诸侯国之间战争不断非常痛恨,所以认为那些好战者当受重罚;而对当时的纵横家唆使诸侯"合纵连横"进行战争,孟子认为其罪仅次于那些好战者;至于那些主张废井田、开阡陌,实行土地私有的法家政治改革,孟子也以为是变乱了旧制,是不好的行为,所以也应受罚。

第二十段,孟子强调"保民而王",而"保民"的基本条件之一就在于得民心,得民心的方法,一在于要有惠民的实际举措,二在于教化。

第二十一段批评梁惠王穷兵黩武的不义行为。

第二十二、二十三段,讲统治天下的资格来自"天意",是"天命"所决定的;而"天命"在某种意义上说,又往往是"民意"的集中体现,这是儒家比较一贯的"重民"思想。孟子在这两章中谈到了中国上古历史上王位继承的两种重要制度,一是"禅让制",一是"世袭制"。相传尧为部落联盟首领时,"四岳"推举舜为继承人,尧对舜考察了三年,接着让他帮助办理政事。尧死后,舜继位。舜又以同样的方式,经过治水的考验,以禹为继承人。禹继位后,又举皋陶为继承人,皋陶早死,又以伯益为继承人。这就是所谓的"禅让制"。但禹死后,禹子启破坏了"禅让制",自己继位而杀了伯益,从此开始了"家天下"的"世袭制"。"世袭制"在其初期,有"父死子继"的形式,也有"兄终弟及"的形式,发展到后世则以"父死子继"为主了。其中,孟子的一些解释颇有"为尊者讳"之嫌。如万章提到的"人有言"三句,在《韩非子·外储说》、《新序·节士》等古籍中亦有提及,说明当时持这种观点的人不少。又孟子称道启的为人"贤",恐怕也未必尽然,杨伯峻《孟子译注》对此颇有考证,可参看。

　　齐宣王问曰①:"齐桓、晋文之事②,可得闻乎?"

　　孟子对曰:"仲尼之徒无道桓、文之事者,是以后世无传焉,臣未之闻也。无以,则王乎③?"

　　曰:"德何如则可以王矣?"

　　曰:"保民而王,莫之能御也④。"

——《梁惠王上》

① 齐宣王:威王之子,田氏,名辟疆。
② 齐桓、晋文:齐桓公,姜氏,名小白;晋文公,姬氏,名重耳;均春秋时霸
　　主。
③ 无以:不得已,一定要说。以通已,止。王:称王。
④ 御:抵挡。

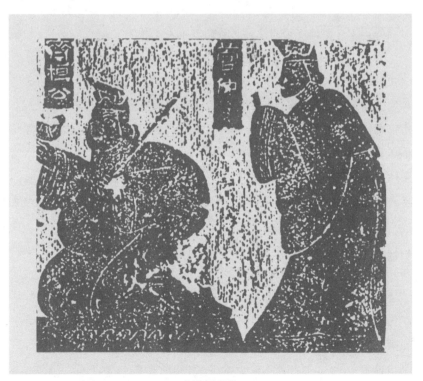

齐桓公和管仲

孟子曰："民为贵，社稷次之①，君为轻。是故得乎丘民而为天子②，得乎天子为诸侯，得乎诸侯为大夫。诸侯危社稷，则变置。牺牲既成，粢盛既洁，祭祀以时，然而旱干水溢，则变置社稷。"

——《尽心下》

① 社稷：象征国家。社，土地神；稷，五谷神。
② 丘民：百姓。丘，众。

孟子曰："诸侯有三宝：土地，人民，政事。宝珠玉者，殃必及身。"

——《尽心下》

孟子曰："桀纣之失天下也，失其民也；失其民者，失其心也。得天下有道：得其民，斯得天下矣。得其民有道：得其心，斯得民矣。得其心有道：所欲与之聚之，所恶勿施，尔也①。民之归仁也，犹水之就下、兽之走圹也。故为渊驱鱼者②，獭也；为丛驱爵者③，鹯也④；为汤武驱民者，桀与纣也。今天下之君有好仁者，则诸侯皆为之驱矣，虽欲无王，不可得也。今之欲王者，犹七年之病求三年之艾也⑤。苟为不畜，终身不得。苟不志于仁，终身忧辱，以陷于死亡。《诗》云：'其何能淑，载胥及溺⑥。'此之谓也。"

——《离娄上》

① 尔：如此。
② 驱：通驱。
③ 爵：通雀。
④ 鹯：鹞鹰一类的猛禽。
⑤ 艾：草药名，可灸人病，以干久为好。
⑥ 《诗》：《诗经·大雅·桑柔》。淑：善。载：则。胥及：相与。

梁惠王曰："寡人愿安承教①。"
孟子对曰："杀人以梃与刃②，有以异乎?"

曰："无以异也。"

"以刃与政，有以异乎？"

曰："无以异也。"

曰："庖有肥肉，厩有肥马③，民有饥色，野有饿莩，此率兽而食人也。兽相食，且人恶之④；为民父母行政，不免于率兽而食人，恶在其为民父母也⑤？仲尼曰：'始作俑者，其无后乎⑥！'为其象人而用之也。如之何其使斯民饥而死也？"

——《梁惠王上》

---

① 安：乐意。承：接受。
② 梃：棍棒。刃：刀刃。
③ 庖：厨房。厩：马棚。
④ 且：尚且。
⑤ 恶：何。
⑥ 仲尼：孔子的字。俑：陪葬用的人偶。后：后代。

（孟子）曰："有复于王者曰①：'吾力足以举百钧，而不足以举一羽；明足以察秋毫之末，而不见舆薪②。'则王许之乎？"

（齐宣王）曰："否。"

"今恩足以及禽兽，而功不至于百姓者，独何与？然则一羽之不举，为不用力焉；舆薪之不见，为不用明焉；百姓之不见保，为不用恩焉。故王之不王，不为也，非不能也。"

曰："不为者与不能者之形何以异？"

曰："挟太山以超北海③，语人曰'我不能'，是诚不能也。为长者折枝④，语人曰'我不能'，是不为也，非不能也。故王之不王，非挟太山以超北海之类也；王之不王，是折枝之类也。"

——《梁惠王上》

---

① 复：禀告。
② 钧：三十斤为一钧。秋毫之末：秋天鸟兽换的细毛尖端。舆薪：一车柴。
③ 太山：泰山。超：跳过。北海：渤海。

④ 折枝：弯腰（拾东西）。枝通肢。

公孙丑问曰①："夫子当路于齐，管仲、晏子之功，可复许乎②？"

孟子曰："子诚齐人也，知管仲、晏子而已矣。或问乎曾西曰：'吾子与子路孰贤③？'曾西蹙然曰：'吾先子之所畏也④。'曰：'然则吾子与管仲孰贤？'曾西艴然不悦⑤，曰：'尔何曾比予于管仲！管仲得君，如彼其专也；行乎国政，如彼其久也；功烈，如彼其卑也。尔何曾比予于是！'"曰："管仲，曾西之所不为也，而子为我愿之乎？"

曰："管仲以其君霸，晏子以其君显。管仲、晏子，犹不足为与？"

曰："以齐王，由反手也⑥。"

曰："若是，则弟子之惑滋甚。且以文王之德，百年而后崩，犹未洽于天下；武王、周公继之，然后大行。今言王若易然，则文王不足法与？"

曰："文王何可当也！由汤至于武丁，贤圣之君六七作⑦，天下归殷久矣，久则难变也。武丁朝诸侯，有天下，犹运之掌也。纣之去武丁未久也，其故家遗俗，流风善政，犹有存者；又有微子、微仲、王子比干、箕子、胶鬲，皆贤人也，相与辅相之，故久而后失之也。尺地莫非其有也，一民莫非其臣也。然而文王犹方百里起，是以难也。齐人有言曰：'虽有智慧，不如乘势；虽有镃基⑧，不如待时。'今时则易然也。夏后⑨、殷、周之盛，地未有过千里者也，而齐有其地矣；鸡鸣狗吠相闻，而达乎四境，而齐有其民矣。地不改辟矣，民不改聚矣⑩，行仁政而王，莫之能御也。且王者之不作，未有疏于此时者也；民之憔悴于虐政，未有甚于此时者也。饥者易为食，渴者易为饮。孔子曰：'德之流行，速于置邮而传命⑪。'当今之时，万乘之国行仁政，民之悦之，犹解倒悬也。故事半古之人，功必倍之，惟此时为然。"

——《公孙丑上》

① 公孙丑：公孙氏，名丑，孟子弟子。
② 当路：当权。管仲：名夷吾，曾佐齐桓公建立霸业。晏子：晏婴，字平仲，齐景公的贤相。复许：复兴。
③ 曾西：曾参之子。子路：孔子弟子，名仲由。
④ 蹙然：不安。先子：已故的长辈，指曾参。
⑤ 艴然：勃然，发怒的样子。
⑥ 反手：易如反掌。
⑦ 汤、武丁：商代贤君。作：兴。汤至武丁中经太甲、太戊、祖乙、盘庚诸王。
⑧ 镃基：锄头。
⑨ 夏后：禹的国号。
⑩ 改：更。
⑪ 置邮而传命：置邮：驿站。传命：传达政令。

孟子曰："伯夷辟纣①，居北海之滨，闻文王作，兴曰②：'盍归乎来③！吾闻西伯善养老者④。'太公辟纣，居东海之滨，闻文王作，兴曰：'盍归乎来！吾闻西伯善养老者。'二老者，天下之大老也，而归之，是天下之父归之也。天下之父归之，其子焉往？诸侯有行文王之政者，七年之内，必为政于天下矣。"

——《离娄上》

① 辟：通避。
② 作：兴起。兴：振奋。
③ 盍归乎来：何不去投奔呢。盍，何不；来，语助词。
④ 西伯：周文王。

孟子曰："以善服人者，未有能服人者也；以善养人，然后能服天下。天下不心服而王者，未之有也。"

——《离娄下》

孟子曰："以佚道使民①，虽劳不怨。以生道杀民②，虽死不怨杀者。"

——《尽心上》

① 佚道：求安之道。佚通逸。
② 生道：求生之道。

　　孟子见梁惠王。王立于沼上①，顾鸿雁麋鹿②，曰："贤者亦乐此乎？"

　　孟子对曰："贤者而后乐此，不贤者虽有此不乐也。《诗》云③：'经始灵台，经之营之，庶民攻之④，不日成之。经始勿亟，庶民子来⑤。王在灵囿，麀鹿攸伏⑥。麀鹿濯濯，白鸟鹤鹤⑦。王在灵沼，於牣鱼跃⑧。'文王以民力为台为沼，而民欢乐之，谓其台曰'灵台'，谓其沼曰'灵沼'，乐其有麋鹿鱼鳖。古之人与民偕乐，故能乐也。《汤誓》曰⑨：'时日害丧，予及女偕亡⑩。'民欲与之偕亡，虽有台池鸟兽，岂能独乐哉？"

——《梁惠王上》

① 沼：水池。
② 顾：回望。
③ 《诗》：《诗经·大雅·灵台》
④ 经：测量。营：定位。攻：造。
⑤ 勿亟：别急。子来：像子女来给父母干事一样。
⑥ 囿：园林。麀鹿：母鹿。攸伏：安卧。
⑦ 濯濯：肥美的样子。鹤鹤：光洁的样子。
⑧ 於：赞叹声。牣：充满。
⑨ 《汤誓》：《尚书》篇名。
⑩ 时：是，这。害：通曷，何时。女：通汝，你。

　　庄暴见孟子①，曰："暴见于王，王语暴以好乐，暴未有以对也。"曰："好乐何如？"

　　孟子曰："王之好乐甚，则齐国庶几乎②！"

　　他日，见于王曰："王尝语庄子以好乐，有诸？"

王变乎色，曰："寡人非能好先王之乐也，直好世俗之乐耳。"

曰："王之好乐甚，则齐国庶几乎。今之乐，由古之乐也③。"

曰："可得闻与？"

曰："独乐乐④，与人乐乐，孰乐？"

曰："不若与人。"

曰："与少乐乐，与众乐乐，孰乐？"

曰："不若与众。"

"臣请为王言乐。今王鼓乐于此⑤，百姓闻王钟鼓之声，管籥之音⑥，举疾首蹙頞而相告曰⑦：'吾王之好鼓乐，夫何使我至于此极也⑧，父子不相见，兄弟妻子离散？'今王田猎于此，百姓闻王车马之音，见羽旄之美⑨，举疾首蹙頞而相告曰：'吾王之好田猎，夫何使我至于此极也，父子不相见，兄弟妻子离散？'此无他，不与民同乐也。今王鼓乐于此，百姓闻王钟鼓之声，管籥之音，举欣欣然有喜色而相告曰：'吾王庶几无疾病与，何以能鼓乐也？'今王田猎于此，百姓闻王车马之音，见羽旄之美，举欣欣然有喜色而相告曰：'吾王庶几无疾病与，何以能田猎也？'此无他，与民同乐也。今王与百姓同乐，则王矣。"

——《梁惠王下》

狩猎宴乐图

① 庄暴: 齐国大臣, 就是下文中的庄子。
② 庶几: 差不多就好了。
③ 由: 通犹。
④ 乐乐: 乐(前), 喜好; 乐(后), 音乐。
⑤ 鼓乐: 击鼓奏乐。
⑥ 管籥: 箫管类乐器。
⑦ 举: 都。疾首: 头痛。蹙頞: 皱眉。
⑧ 极: 穷困。
⑨ 羽旄: 羽旗。

　　齐宣王问曰: "文王之囿①, 方七十里, 有诸? "

　　孟子对曰: "于传有之②。"

　　曰: "若是其大乎? "

　　曰: "民犹以为小也! "

　　曰: "寡人之囿, 方四十里, 民犹以为大, 何也? "

　　曰: "文王之囿, 方七十里, 刍荛者往焉③, 雉兔者往焉④, 与民同之。民以为小, 不亦宜乎? 臣始至于境, 问国之大禁, 然后敢入。臣闻郊关之内⑤, 有囿方四十里, 杀其麋鹿者, 如杀人之罪, 则是方四十里为阱于国中⑥。民以为大, 不亦宜乎? "

——《梁惠王下》

---

① 囿: 猎场。
② 传: 史书。
③ 刍荛者: 割草打柴的人。刍, 草; 荛, 柴。
④ 雉兔者: 捕野鸡野兔的人。
⑤ 郊关: 郊外。
⑥ 阱: 陷阱。

　　齐宣王见孟子于雪宫①。王曰: "贤者亦有此乐乎? "

　　孟子对曰: "有。人不得, 则非其上矣②。不得而非其上者, 非也; 为民上而不与民同乐者, 亦非也。乐民之乐者, 民亦乐其乐; 忧民之忧者, 民亦忧其忧。乐以天下, 忧以天下, 然而不王者, 未之有也。"

——《梁惠王下》

---

① 雪宫: 齐王的别宫。
② 非: 埋怨。

　　齐宣王问曰:"人皆谓我毁明堂,毁诸,已乎①? "

　　孟子对曰:"夫明堂者,王者之堂也。王欲行王政,则勿毁之矣。"

　　王曰: "王政可得闻与? "

　　对曰: "昔者文王之治岐也,耕者九一,仕者世禄,关市讥而不征,泽梁无禁,罪人不孥②。老而无妻曰鳏,老而无夫曰寡,老而无子曰独,幼而无父曰孤。此四者,天下之穷民而无告者③。文王发政施仁,必先斯四者。《诗》云: '哿矣富人,哀此茕独④! ' "

　　王曰:"善哉言乎! "

　　曰:"王如善之,则何为不行? "

　　王曰:"寡人有疾,寡人好货⑤。"

　　对曰:"昔者公刘好货⑥,《诗》云:'乃积乃仓,乃裹糇粮,于橐于囊,思戢用光。弓矢斯张,干戈戚扬,爰方启行⑦。'故居者有积仓,行者有裹囊,然后可以爰方启行。王如好货,与百姓同之,于王何有⑧? "

　　王曰:"寡人有疾,寡人好色。"

　　对曰:"昔者太王好色,爱厥妃⑨。《诗》云:'古公亶父,来朝走马,率西水浒,至于岐下。爰及姜女,聿来胥宇⑩。'当是时也,内无怨女,外无旷夫⑪。王如好色,与百姓同之,于王何有? "

——《梁惠王下》

---

① 明堂: 天子宣明政教之地,这里指天子东巡狩时接见诸侯的场所,在齐国境内泰山下。已: 不毁。

② 岐：周的旧国，在今陕西岐山一带。耕者九一：农民九分抽一，相传是周朝井田制度规定的税率。仕者世禄：为官者世袭俸禄。关：关卡。市：市场。讥：稽查。征：抽税。泽梁：湖泊里拦水捕鱼。不孥：不株连妻儿。孥，妻儿。

③ 无告：无靠。

④ 《诗》：《诗经·小雅·正月》。哿：可。茕独：孤独。

⑤ 货：财货。

⑥ 公刘：周朝的开创者。

⑦ 《诗》：《诗经·大雅·公刘》。乃积乃仓：积粮于仓。糇粮：干粮。橐：两端有底，当中开口的小袋子。囊：两端开口的大袋子。戢：通辑，安。用：以。光：大。干戈戚扬：四种兵器。启行：开路。

⑧ 何有：何难之有。

⑨ 厥妃：他的妃子。

⑩ 《诗》：《诗经·大雅·绵》。率：沿。水浒：水边。姜女：太王之妃，名太姜。聿：发语词。胥：视察。宇：屋宇。

⑪ 怨女：找不到丈夫的女人。旷夫：找不到妻子的男人。

齐宣王问曰：“交邻国有道乎？”

孟子对曰：“有。惟仁者为能以大事小，是故汤事葛①，文王事昆夷②。惟智者为能以小事大，故太王事獯鬻③，勾践事吴④。以大事小者，乐天者也；以小事大者，畏天者也。乐天者保天下，畏天者保其国。《诗》云：‘畏天之威，于时保之⑤。’”

王曰：“大哉言矣！寡人有疾，寡人好勇。”

对曰：“王请无好小勇。夫抚剑疾视曰：‘彼恶敢当我哉！’此匹夫之勇⑥，敌一人者也。王请大之！《诗》云：‘王赫斯怒，爰整其旅，以遏徂莒，以笃周祜，以对于天下⑦。’此文王之勇也。文王一怒而安天下之民。《书》曰：‘天降下民，作之君，作之师，惟曰其助上帝宠之。四方有罪无罪惟我在，天下曷敢有越厥志⑧？’一人衡行于天下⑨，武王耻之。此武王之勇也。而武王亦一怒而安天下之民。今王亦一怒而安天下之民，民惟恐王之不好勇也。”

——《梁惠王下》

① 汤事葛：汤，商汤；事，服事；葛，国名。

② 昆夷：或作串夷、混夷，西戎国名。

③ 太王事獯鬻：太王，即古公亶父；獯鬻，古代北方少数民族。
④ 勾践：越王。吴王夫差打败越国，勾践称臣，卧薪尝胆，最终复仇。
⑤《诗》：《诗经·周颂·我将》。于时：于是。
⑥ 匹夫：常人。
⑦《诗》：《诗经·大雅·皇矣》。王赫斯怒：文王勃然一怒。爰：于是。旅：
　军队。遏：阻止。徂：往伐。莒：国名。笃：增加。祜：福。对：报答。
⑧《书》：《尚书》逸篇。惟曰其助上帝宠之：君、师的职责是帮助上帝爱护
　下民。我在：在我。厥：其。
⑨ 衡行：横行。

　　邹与鲁閧①。穆公问曰②："吾有司死者三十三人③，而民莫之死
也。诛之，则不可胜诛；不诛，则疾视其长上之死而不救④，如之何
则可也？"

　　孟子对曰："凶年饥岁，君之民，老弱转乎沟壑⑤，壮者散而之
四方者，几千人矣⑥；而君之仓廪实，府库充，有司莫以告，是上慢而
残下也。曾子曰⑦：'戒之戒之！出乎尔者，反乎尔者也。'夫民今而
后得反之也。君无尤焉⑧。君行仁政，斯民亲其上，死其长矣。"

——《梁惠王下》

① 閧：冲突。
② 穆公：邹穆公。
③ 有司：干部。
④ 疾：恨。
⑤ 转：弃。
⑥ 几：近。
⑦ 曾子：孔子弟子曾参。
⑧ 尤：责怪。

　　孟子曰："天时不如地利，地利不如人和。三里之城，七里之
郭①，环而攻之而不胜。夫环而攻之，必有得天时者矣；然而不胜
者，是天时不如地利也。城非不高也，池非不深也，兵革非不坚利
也，米粟非不多也；委而去之②，是地利不如人和也。故曰：域民不
以封疆之界③，固国不以山谿之险④，威天下不以兵革之利。得道

者多助，失道者寡助。寡助之至，亲戚畔之⑤；多助之至，天下顺之。以天下之所顺，攻亲戚之所畔，故君子有不战，战必胜矣。"

——《公孙丑下》

---

① 郭：外城。
② 委：弃。
③ 域民：安民。
④ 固国：守国。
⑤ 畔：通叛。

孟子曰："求也为季氏宰①，无能改于其德，而赋粟倍他日②。孔子曰：'求非我徒也，小子鸣鼓而攻之可也！'由此观之，君不行仁政而富之，皆弃孔子者也，况于为之强战！争地以战，杀人盈野；争城以战，杀人盈城；此所谓率土地而食人肉，罪不容于死。故善战者服上刑③，连诸侯者次之④，辟草莱、任土地者次之⑤。"

——《离娄上》

---

① 求：孔子弟子冉求，字子有。季氏：季康子，鲁国贵族。
② 赋粟：征收粟米。
③ 上刑：重刑。
④ 连诸侯：连结诸侯。
⑤ 辟草莱、任土地：开垦荒地、分土授民，都是为了增加赋税。

孟子曰："仁言不如仁声之入人深也，善政不如善教之得民也。善政民畏之，善教民爱之。善政得民财，善教得民心。"

——《尽心上》

孟子曰："不仁哉梁惠王也！仁者以其所爱及其所不爱，不仁者以其所不爱及其所爱。"

公孙丑问曰："何谓也？"

"梁惠王以土地之故，糜烂其民而战之，大败，将复之①，恐不

219

能胜，故驱其所爱子弟以殉之，是之谓以其所不爱及其所爱也。"

——《尽心下》

① 复之：再战。

万章曰："尧以天下与舜，有诸？"

孟子曰："否。天子不能以天下与人。"

"然则舜有天下也，孰与之？"

曰："天与之。"

"天与之者，谆谆然命之乎？"

曰："否。天不言，以行与事示之而已矣。"

曰："以行与事示之者，如之何？"

曰："天子能荐人于天，不能使天与之天下；诸侯能荐人于天子，不能使天子与之诸侯；大夫能荐人于诸侯，不能使诸侯与之大夫。昔者，尧荐舜于天，而天受之；暴之于民①，而民受之。故曰：天不言，以行与事示之而已矣。"

曰："敢问荐之于天，而天受之；暴之于民，而民受之，如何？"

曰："使之主祭而百神享之，是天受之；使之主事而事治，百姓安之，是民受之也。天与之，人与之，故曰：天子不能以天下与人。舜相尧二十有八载，非人之所能也，天也。尧崩，三年之丧毕，舜避尧之子于南河之南②，天下诸侯朝觐者，不之尧之子而之舜；讼狱者③，不之尧之子而之舜；讴歌者，不讴歌尧之子而讴歌舜。故曰天也。夫然后之中国④，践天子位焉。而居尧之宫⑤，逼尧之子，是篡也，非天与也。《太誓》曰：'天视自我民视，天听自我民听⑥。'此之谓也。"

——《万章上》

① 暴：现。
② 南河：黄河，在尧都之南。
③ 讼狱：打官司。
④ 中国：就是国中，首都。
⑤ 而：如。
⑥ 《太誓》：《尚书》逸篇。

　　万章问曰："人有言至于禹而德衰，不传于贤而传于子。有诸？"

　　孟子曰："否，不然也。天与贤则与贤，天与子则与子。昔者，舜荐禹于天，十有七年。舜崩，三年之丧毕，禹避舜之子于阳城①，天下之民从之，若尧崩之后不从尧之子而从舜也。禹荐益于天②，七年，禹崩，三年之丧毕，益避禹之子于箕山之阴③。朝觐、讼狱者不之益而之启④，曰：'吾君之子也。'讴歌者不讴歌益而讴歌启，曰：'吾君之子也。'丹朱之不肖，舜之子亦不肖⑤。舜之相尧、禹之相舜也，历年多，施泽与民久。启贤，能敬承继禹之道。益之相禹也，历年少，施泽与民未久。舜、禹、益相去久远⑥，其子之贤不肖，皆天也，非人之所能为也。莫之为而为者，天也；莫之致而至者，命也。匹夫而有天下者，德必若舜、禹，而又有天子荐之者，故仲尼不有天下。继世以有天下，天之所废，必若桀、纣者也。故益、伊尹、周公不有天下。伊尹相汤以王于天下，汤崩，太丁未立，外丙二年，仲壬四年⑦，太甲颠覆汤之典刑，伊尹放之于桐⑧。三年，太甲悔过，自怨自艾，于桐处仁迁义；三年，以听伊尹之训己也，复归于亳⑨。周公之不有天下，犹益之于夏，伊尹之于殷也。孔子曰：'唐、虞禅，夏后、殷、周继，其义一也。'"

　　　　　　　　　　　　　　　　　　　　——《万章上》

① 阳城：在今河南登封县境内。
② 益：伯益，相传为嬴姓各族之祖，被大禹选为继承者，后为禹子启所杀。
③ 箕山：在今河南登封县东南。阴：山之北。
④ 启：禹的儿子，因避汉景帝刘启讳，一度改称开。

⑤ 丹朱：尧的儿子，名朱，封于丹。舜之子：名商均。
⑥ 久远：疑作"久暂"，指长短。
⑦ 太丁、外丙、仲壬：都是成汤之子。据《史记·殷本纪》：商汤王死，太子太
　丁未立即死，弟外丙立；帝外丙死，外丙弟仲壬立。
⑧ 太甲：太丁之子，帝仲壬死，太甲立。桐：在今河南偃师县附近。
⑨ 亳：殷都，在今河南偃师县西。

　　电视剧《雍正王朝》的主题曲中有一句"得民心者得天下"，刘欢唱来尽管荡气回肠，但雍正其人是否真"得民心"？难说！那就不说也罢。可"得民心者得天下"倒是一条几千年来的古训，且历史上大概就数孟子叫得响、讲得多。统治者如何能得民心？孟子有不少想法，也有不少具体措施，本节第十一至十五段讲的"与民同忧乐"就是其中之一。我们就来看看这几段吧：

　　第十一段，梁惠王问话的口气明显带有居高临下的架势，隐含着轻视孟子的意味，意思你们这种讲求仁义道德的人是不懂得享乐的。想不到孟子接过他的话题，给他上了一堂严肃的政治课。孟子借用文献的记载，通过历史上贤君周文王与暴君夏桀的鲜明对比，讲明了统治者应该"与民同乐"的道理。在孟子看来，统治者必须与民众忧乐相通，体恤下民；百姓高兴了，统治者自然也可以高兴。这是"仁政"才能引出的上下和谐之政治局面。反之，把自己的享乐建筑在百姓痛苦之上，这种享乐不仅难以持久，而且即使具备了享乐的条件，也没有什么快乐可言。

　　第十二段，"与民同乐"不只是简单地要求统治者应该与民众一起娱乐，而是强调统治者必须关心民众的疾苦。孟子这里用了对比的方式，展示了同一件事而引出的不同结果，以此来说明：问题的

关键不在娱乐本身，因为同样是娱乐，施恩惠于百姓的君主还是能得到百姓的衷心拥戴；使百姓困苦的君主得到的却是百姓的反感乃至唾骂。由此引申开去，能"与民同乐"的君主，也就能称王天下。在此章中，孟子提出了一个观点："今之乐，由古之乐也"，这需要讲一讲：

儒家很重视"乐"，经常把"乐"与"礼"并称。按儒家的观点，"礼乐"决不仅是一些等级仪式和音乐舞蹈，而是具有政治运作和伦理教化的功能，"安上治乱莫善于礼，移风易俗莫善于乐"，因此也就有了所谓的"礼教"和"乐教"。孔子一生都很重视乐，且在音乐方面有很深的造诣，他化了不少时间搜集整理古乐，谓："吾自卫反鲁，然后乐正，《雅》、《颂》各得其所。"（《论语·子罕》）孔子重视的是古乐，并不是流行音乐，且对当时郑国的流行音乐很反感，主张"放郑声"，原因是"郑声淫"（《论语·卫灵公》）。而孟子却说世俗音乐与古代雅乐差不多，与孔子有明显的不同。这也是有原因的：一是战国时代礼乐制度早已崩坏，孟子不可能再像孔子那样强调以礼乐治国；更主要的是孟子用意并不在音乐本身，正如朱熹在其《集注》中引范氏语曰："孟子切于救民，故因齐王之好乐开导其善心，深劝其与民同乐。而谓今乐犹古乐，其实今乐、古乐何可同也？但与民同乐之意，则无古今之异耳。若必欲以礼乐治天下，当如孔子之言，必用《韶》舞，必放郑声。盖孔子之言，为邦之正道；孟子之言，救时之急务，所以不同。"

第十三段意思与前面同，可不讲。

第十四段，与前面谈"与民同乐"稍有不同的是，

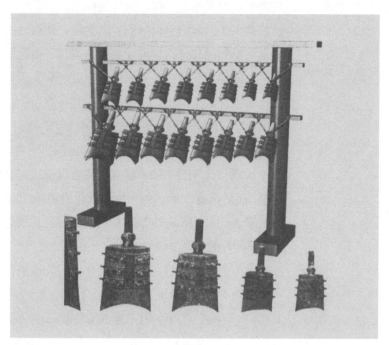

编钟

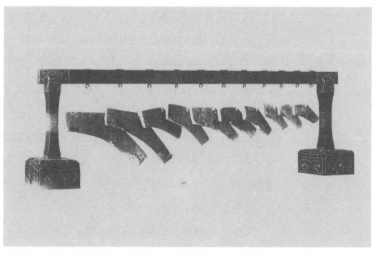

编磬

在此章中孟子非常概括性地说出"与民同乐"的道理，而没有过多地纠缠于具体同什么乐、应该怎样同等问题。此外，孟子还把"与民同乐"这个命题的题中应有之义，即与之相对的"与民同忧"这一面，也点了出来。所以，"乐民之乐者，民亦乐其乐；忧民之忧者，民亦忧其忧。乐以天下，忧以天下，然而不王者，未之有也"这段话，可视为孟子"与民同乐"思想总结性的论述。"乐以天下，忧以天下"是对国君说的，但这句话经北宋大儒、理学先驱范仲淹的引申发挥——"士当先天下之忧而忧，后天下之乐而乐"——后来成了读书人也应该追求的理想人格。当然，也有人对范仲淹的引申发挥很不满。谁？清朝的那些皇帝们，包括电视剧里演得煞有介事的那个雍正，他治笃信理学的吕留良、曾静的那场著名的"文字狱"，就明显含有此意。而他的儿子乾隆就更挑明了说：你们读书人讲"以天下为己任"，"先天下之忧而忧，后天下之乐而乐"，那我皇帝干啥去？那个号称"铁齿铜牙"的"大烟袋"纪晓岚（纪昀），因婉转地讲了江南百姓不堪忍受乾隆屡次"下江南"所摊派的重负，结果引来乾隆一顿臭骂：看你有点学问才给你个官做做，这就如同养个娼妓一样，你居然敢议论国家大事！可见，要想让皇帝"与民同忧乐"，谈何容易！

第十五段，开首讲"明堂"之事。所谓"明堂"，即"明政教化之堂"。在中国古代的政治及文化运作中，明堂有其重要的地位，国家许多重要的活动如祭祀、朝会、布政、大飨、选士等，都是在明堂举行的。所以，在中国古代文化典籍中多有关于明堂的记载，如《周礼·冬官考工记》中有关于明堂形制的描述、

《小戴礼记》中有专门的《明堂位》一篇、《大戴礼记》中也有专门的《明堂》篇，至于论及明堂的就更多不胜举了。齐宣王提到的那个明堂，据说是周武王东征时所建，位于当时属于齐国境内的泰山脚下。宣王有此一问，究竟居心如何，是否有蔑视中央周天子的心态？抑或有取周而代之的野心？不得而知，也不必费心去猜。孟子则仍以"王道"政治之需作答，于是话题又转到了"王道"政治上。然而当孟子展开周文王的"王道"政治话题后，宣王又受不了了。一面戴高帽子说太好了；一面赶紧打岔开溜，一次不行还来第二次，把比"音乐"、"田猎"、"苑囿"、"游观"、"好勇"等更厉害的"武器"——"好货"与"好色"，统统搬了出来。他想将孟子一军，看看你这个自称"圣人之徒"的孟子究竟如何应对。但这对孟子说来也不是什么难题，你纵使千变万化，我自有一定之规。孟子还是先就事论事，并马上举两个历史上的例子给你看看，然后借题发挥，运用"与民同乐"的原理，以一句"与百姓同之"，把"好货"、"好色"的话题又引向他"王道"、"仁政"的主题上去了。孟子的语言技巧，于此亦可窥一斑，不尽在其辩论。

对孟子的良苦用心，历来的注家或研究者的感受并不完全相同。如汉代的经学家赵岐在此章的《章指》中说："夫子（孟子）恂恂然善诱人，诱人以进于善也。齐王好货、好色，孟子推以公刘、太王，所谓'责难于君谓之恭'者也。"到了宋代的理学家朱熹那里，这变成讲"天理人欲"的问题了："盖钟鼓、苑囿、游观之乐，与夫好勇、好货、好色之心，皆天理之所有，而人情之所不能无者。然天理、人欲，同行异情。循理而公于天下者，圣人之所以尽其性也；纵欲而私于一己者，众人之所以灭其天也。二者之间，不能以发，而其是非得失之归，相去远矣。故孟子因时君之问，而剖析于几微之际，皆所以遏人欲而存天理。"在现代研究者的眼里，对此的看法也有大相径庭的。如南怀瑾在《孟子旁通》中认为，孟子注重教化，但决不是一个迂腐的人。他比喻说：齐宣王善打太极推手，把不喜欢听的东西马上推开；而孟子则以"打蛇贴棍上"之法，顺着你来，即使你齐宣王再有其他借口，孟子照样可以对付。如假设齐宣王好吃零食，孟子就会说没关系，只要把点心做得很多很多，人人都能吃到就行；假如齐宣王说好踢球，大概孟子也会说没关系，只要全国的人都有踢球的闲暇和兴致，都把脚力练好，就是好的。可反过来也有学者对孟子的做法不以为然的。如陈大齐在其《孟子名理思想及其辩说实况》中认为，孟子染上了当时纵横家游说好辩的风习，有"阿附以取容"之嫌。他说："在孟子当时，知识阶级已掀起了好辩的风气。孟子贤者，当时无意于同流合污，但习俗移人，容亦于不知不觉间有所沾染。兼因孟子卫道心切，词锋锐利，咄咄逼人，遂亦为人疑为好辩而视同辩士。且孟子有些言论，例如对齐宣王所说的，甚足令人疑其有类于苏秦张仪之流的游说。齐宣王自称好勇，孟子请其'大之'，齐宣王自称好货好色，孟子请其'与百姓同之'，其用意固在顺其所好以导其为善，其形迹则有似于阿附以取容。"

我想告诉读者的是，那些研究者话也不要太当真，就如对我本书中写的东西一样。关键是要自己想、自己判断。

2. 制民之产

本节第一段，在孟子影响下梁惠王的态度有变化，他开始考虑"王道"、"仁政"问题。但他自以为自己做得已经很不错了，至少比邻国的那些国君在关心民众疾苦方面做得要好。所以，他无法理解为什么天下的民众不归心于他，魏国百姓的人数不见增多，邻国百姓的人数也不见减少。孟子的回答有技巧，先不急于作答，而是提问，让惠王去判断"五十步笑百步"的是非，为他后面的论述埋下伏笔。在孟子看来，惠王自认为做得不错的事，只是头痛医头、脚痛医脚的救急之法。那些事情虽不能说错，但没有解决根本问题，所以即使他做得要比邻国国君稍好一点，却也好不到哪里去，实在是典型的"五十步笑百步"。然后话锋一转，顺着惠王关心的民众归顺与否的问题，进一步来讲述他关于"王道"政治的构想。孟子提出，老百姓最关心的是什么？就是现实生活中养生送死这些民生问题，所以能使老百姓在民生这一点上感到没有什么遗憾了，那就是"王道"政治的开始。接下来，孟子提出的具体主张都是实实在在的，即先让老百姓有饭吃、有衣穿，然后再对他们进行道德教育。孟子认为，能做到这些，那么民心归顺，进而称王天下，那就是必然的事情。可现在事实上梁惠王你没有做到这样，还要找各种理由来解释。如果你梁惠王能不去找借口，而是去认真实行"仁政"，那么天下的百姓自然会来归顺于你的。

第二段，讲养老与民生，与上节第八段、本节第一段意思基本相同，只是文字上小有出入，可能是不同人记录的，可参看。

第三段直接讲"制民之产"问题，留待讲评中分析。

第四段"滕文公问为国"，所说不外乎两条，一是安定民众，使他们生活有保障；二是在民众生活得到保障后，实行"明人伦"的道德教育。其中也体现了孟子关于统治者与被统治者关系的思想。此章可引出问题很多，值得注意的至少有两个方面：一是上古的教育制度问题，一是井田制度问题。放在讲评中略述。

第五段说先富后教。富是教的前提，这是孟子对孔子思想的发挥。

第六段，抨击当时各诸侯国设立关卡扰民。

第七段，强调如国家赋税无度，百姓就活不下去，国家也因此会分崩离析。

第八段要点有三，一是强调尊贤使能，奉行仁政；二是强调防患于未然，太平之时犹要警惕；三是强调祸福由己不由人、不由天，一切都是自求的。

第九段，孟子在雪宫与齐宣王讲"与民同忧乐"时，还觉得意犹未尽，于是选择了历史上齐景公与晏婴的一个故事为例证，一方面是加强其说服力，另一方面，也同时宣传了他的"王道"、"仁政"思想。这是故事中晏婴说的一段话，讲天子、诸侯的职责，要旨亦在关心民生上，同时也批评今之统治者"流连忘反"。

梁惠王曰:"寡人之于国也①,尽心焉耳矣。河内凶,则移其民于河东②,移其粟于河内;河东凶亦然。察邻国之政,无寡人之用心者。邻国之民不加少,寡人之民不加多,何也?"

孟子对曰:"王好战,请以战喻。填然鼓之,兵刃既接,弃甲曳兵而走③,或百步而后止,或五十步而后止,以五十步笑百步,则何如?"

曰:"不可。直不百步耳,是亦走也。"

曰:"王如知此,则无望民之多于邻国也。不违农时,谷不可胜食也;数罟不入洿池,鱼鳖不可胜食也;斧斤以时入山林,材木不可胜用也④。谷与鱼鳖不可胜食,材木不可胜用,是使民养生丧死无憾也。养生丧死无憾,王道之始也⑤。五亩之宅,树之以桑,五十者可以衣帛矣;鸡豚狗彘之畜,无失其时⑥,七十者可以食肉矣;百亩之田,勿夺其时,数口之家,可以无饥矣;谨庠序之教⑦,申之以孝悌之义,颁白者不负戴于道路矣⑧。七十者衣帛食肉,黎民不饥不寒,然而不王者,未之有也。狗彘食人食而不知检,涂有饿莩而不知发⑨;人死,则曰:'非我也,岁也⑩',是何异于刺人而杀之,曰:'非我也,兵也'?王无罪岁,斯天下之民至焉。"

——《梁惠王上》

---

① 寡人:古代王侯自称。

② 河内:魏地,今河南省济源县一带。凶:饥荒。河东:魏地,今山西省安邑县一带。

③ 填然:鼓声冬冬。甲:铠甲。兵:兵器。

④ 数罟:密网。洿池:深池。斤:斫木用的斧子。

⑤ 王道:仁政。

⑥ 衣帛:穿丝织品。豚:小猪。彘:猪。无失其时:不错过饲养繁殖的时间。

⑦ 谨:认真办好。庠序:地方学校。

⑧ 颁白:斑白,头发花白。负戴:背负、头顶。

⑨ 检:约束。涂:通途,路。饿莩:饿死的人。发:发粮赈济。

⑩ 岁:凶年饥岁。

孟子曰："伯夷辟纣，居北海之滨，闻文王作，兴曰：'盍归乎来！吾闻西伯善养老者。'太公辟纣，居东海之滨，闻文王作，兴曰：'盍归乎来！吾闻西伯善养老者。'天下善养老，则仁人以为己归矣。五亩之宅，树墙下以桑，匹妇蚕之，则老者足以衣帛矣。五母鸡，二母彘，无失其时，老者足以无失肉矣。百亩之田，匹夫耕之，八口之家足以无饥矣。所谓西伯善养老者，制其田里，教之树畜，导其妻子使养其老。五十非帛不煖，七十非肉不饱。不煖不饱，谓之冻馁。文王之民无冻馁之老者，此之谓也。"

——《尽心上》

（孟子）曰："无恒产而有恒心者，惟士为能①。若民，则无恒产，因无恒心。苟无恒心，放辟邪侈②，无不为已。及陷于罪，然后从而刑之，是罔民也③。焉有仁人在位罔民而可为也？是故明君制民之产④，必使仰足以事父母，俯足以畜妻子，乐岁终身饱，凶年免于死亡。然后驱而之善，故民之从之也轻。今也制民之产，仰不足以事父母，俯不足以畜妻子，乐岁终身苦，凶年不免于死亡。此惟救死而恐不赡，奚暇治礼义哉？王欲行之，则盍反其本矣。"

——《梁惠王上》

① 士：读书明理之人。
② 放辟邪侈：违法乱纪，胡作非为。
③ 罔民：罔通网，陷害老百姓。
④ 制民之产：规定老百姓的产业。

滕文公问为国。

孟子曰："民事不可缓也。《诗》云：'昼尔于茅，宵尔索绹，亟其乘屋，其始播百谷①。'民之为道也，有恒产者有恒心，无恒产者无恒心。苟无恒心，放辟邪侈，无不为已。及陷于罪，然后从而刑之，是罔民也。焉有仁人在位，罔民而可为也？是故贤君必恭俭礼下，取于民有制。阳虎曰②：'为富不仁矣，为仁不富矣。'夏后氏五十而贡，殷人七十而助，周人百亩而彻，其实皆什一也③。彻者，彻也；助者，藉也④。龙子曰⑤：'治地莫善于助，莫不善于贡。'贡者，**校**数岁之中以为常⑥。乐岁，粒米狼戾⑦，多取之而不为虐，则寡取之；凶年，粪其田而不足，则必取盈焉。为民父母，使民**盼盼然**⑧，将终岁勤动，不得以养其父母，又称贷而益之⑨，使老稚转乎沟壑，恶在其为民父母也？夫世禄，滕固行之矣。《诗》云⑩：'雨我公田，遂及我私。'惟助为有公田。由此观之，虽周亦助也。设为庠序学校以教之。庠者，养也；校者，教也；序者，射也。夏曰校，殷曰序，周曰庠，学则三代共之，皆所以明人伦也。人伦明于上，小民亲于下。有王者起，必来取法，是为王者师也。《诗》云：'周虽旧邦，其命维新'⑪，文王之谓也。子力行之，亦以新子之国！"

使毕战问井地⑫。

孟子曰："子之君将行仁政，选择而使子，子必勉之！夫仁政必自经界始⑬。经界不正，井地不均，谷禄不平。是故暴君汙吏必慢其经界。经界既正，分田制禄可坐而定也。夫滕，壤地褊小，将为君子焉，将为野人焉⑭。无君子，莫治野人；无野人，莫养君子。请野九一而助，国中什一使自赋。卿以下必有圭田⑮，圭田五十亩，余夫二十五亩⑯。死徙无出乡，乡田同井，出入相友，守望相助，疾病相扶持，则百姓亲睦。方里而井，井九百亩，其中为公田。八家皆私百亩，同养公田。公事毕，然后敢治私事，所以别野人也。此其大略也。若夫润泽之，则在君与子矣。"

——《滕文公上》

① 《诗》：《诗经·豳风·七月》。昼尔于茅：白天去取茅草。于，往。宵尔索绹：晚上绞绳索。绹，绳索。亟其乘屋：赶紧修缮房屋。
② 阳虎：字货，鲁国正卿季氏的家臣，与孔子同时，一度专权，失败后出亡。
③ 什一：十分取一。
④ 彻：抽取。藉：通借，借民力耕种公田。
⑤ 龙子：古代贤人。
⑥ 校：通校，比较。

⑦ 狼戾：狼藉。
⑧ 盼盼然：勤苦不休息的样子。
⑨ 称贷：举债。益：补足。
⑩ 《诗》：《诗经·小雅·大田》。
⑪ 《诗》：《诗经·大雅·文王》。命：天命。
⑫ 毕战：滕国大臣。井地：井田。
⑬ 经界：整理划分田地。
⑭ 为：有。君子：统治者。野人：老百姓。
⑮ 圭田：供祭祀的田。圭，洁。
⑯ 余夫：剩余劳动力。

　　孟子曰："易其田畴①，薄其税敛②，民可使富也。食之以时，用之以礼，财不可胜用也。民非水火不生活，昏暮叩人之门户求水火，无弗与者，至足矣。圣人治天下，使有菽粟如水火③。菽粟如水火，而民焉有不仁者乎？"

——《尽心上》

① 易：治。田畴：田地。
② 税敛：税收。
③ 菽粟：泛指粮食。菽，豆类；粟，谷类。

　　孟子曰："古之为关也①，将以御暴；今之为关也，将以为暴。"

——《尽心下》

① 为关：设立关卡。

　　孟子曰："有布缕之征，粟米之征，力役之征。君子用其一，缓其二。用其二而民有殍，用其三而父子离。"

——《尽心下》

　　孟子曰："仁则荣，不仁则辱。今恶辱而居不仁，是犹恶湿而居下也。如恶之，莫如贵德而尊士，贤者在位，能者在职。国家闲暇，及是时，明其政刑，虽大国，必畏之矣。《诗》云：'迨天之未阴雨，彻彼桑土，绸缪牖户。今此下民，或敢侮予①？'孔子曰：'为此诗者，其知道乎！能治其国家，谁敢侮之？'今国家闲暇，及是时，般乐怠敖②，是自求祸也。祸福无不自己求之者。《诗》云：'永言配命③，自求多福。'《太甲》曰④：'天作孽，犹可违；自作孽，不可活。'此之谓也。"

——《公孙丑上》

① 《诗》：《诗经·豳风·鸱鸮》。迨：趁。彻：取。桑土：桑根。绸缪：缠结。牖户：窗门。下民：鸟巢下的人。
② 般：乐。怠：怠惰。敖：通遨，出游。
③ 《诗》：《诗经·大雅·文王》。永言配命：永远配合天命。
④ 《太甲》：《尚书》逸篇。

天子适诸侯曰巡狩；巡狩者，巡所守也。诸侯朝于天子曰述职；述职者，述所职也。无非事者。春省耕而补不足，秋省敛而助不给①。夏谚曰：吾王不游，吾何以休？吾王不豫②，吾何以助？一游一豫，为诸侯度。今也不然，师行而粮食，饥者弗食，劳者弗息。睊睊胥谗，民乃作慝③。方命虐民，饮食若流④。流连荒亡，为诸侯忧。从流下而忘反谓之流，从流上而忘反谓之连，从兽⑤无厌谓之荒，乐酒无厌谓之亡。先王无流连之乐，荒亡之行。惟君所行也。

——《梁惠王下》

① 省：视察；补不足：补助农具、种子不足的农户；敛：收割；助不给：帮助劳力、口粮不足的农户。
② 豫：闲游。
③ 睊睊：侧目而视状；胥：都；谗：谤毁。慝：邪恶。
④ 方命：方通放，即放弃先王教导。若流：像流水一般。
⑤ 从兽：田猎。

孔子有一次到卫国去,弟子冉有为他驾车。在路上师生有一番对话:孔子说:"卫国的人口真多啊!"冉有就问:"人口已经多了,下一步该怎么做?"孔子说:"让他们富裕起来。"冉有又问:"已经富起来了,下一步再该怎么做?"孔子说:"教育他们。"(见《论语·子路》)这就是孔子"先富后教"的思想。但如何做孔子还没有落实,于是孟子要接着孔子继续说,并提出具体设想。

孟子讲"不以仁政,不能平治天下","仁政"源于先王的善性即"不忍人之心",落实下去,老百姓最关心的是什么?那就是民生问题!百姓现实生活中养生送死这些民生问题如果没什么遗憾了,那就是"王道"政治的开始,当然具体一点则"必自经界始"(《滕文公上》),即从划定土地开始。孟子的构想是实在的:先让老百姓有饭吃、有衣穿,然后再对他们进行道德教育。能做到这些,那么民心归顺,进而称王天下,那是必然的事情。

孟子所谓的"制民之产",说白了就是让老百姓拥有一份固定的产业——"恒产","恒产"指稳定的生产资料,在当时说来就是拥有一小块土地。他主张以"恒产"来换取老百姓对国家的"恒心"。"恒产"当然有底线,孟子定出的标准并不高,它只要能够上足以赡养父母,下足以抚养妻儿;能够保证丰年衣食不愁,灾年不至于饿死,那就可以了。有了这样的基本条件,才可能引导老百姓讲道德,"谨庠序之教,申孝悌之义",而他们也就容易接受了。换言之,是让他们对国家产生"恒心","恒心"指正常的道德行为。原因很简单,老百姓如果没有一定的生产资料作为其稳定的经济来源，就不可能有正常的道德意识，就会违法乱纪、无所不为。如果统治者不能保障人民必需的生活来源，等他们犯了法，再去行惩罚，那等于在陷害百姓。孟子"制民之产"的思想，肯定了物质生产活动和物质生活条件对于人的思想意识及道德行为的决定作用，无疑是正确的，在当时来说有很大的进步意义。

孟子强调首先必须满足老百姓自然生命的需要，然后再重视教育，否则的话，连救人活命都来不及了，哪还有什么闲功夫去讲究礼义道德？这是特别值得我们重视的一个观点。这一思想，一方面可说是对孔子先"富之"再"教之"思想的发挥；另一方面，也可说是对管仲"仓廪实而知礼节，衣食足而知荣辱"思想的阐发。可以这么认为，孟子的这种主张，实际是中国人普遍认同的想法，并不一定就是儒家所独有的。再进一步说，这一思想，即使在今天仍具有其重大意义。因为不管哪个时代，吃饱穿暖总是人的第一需要，有了这个起点，才能继续谈其他的什么发展，否则一切都会成为空话。马克思主义为什么成为最受穷人欢迎的理论？这显然也是最重要的一点："一切人类生存的第一个前提也就是历史的第一个前提，这个前提就是：人们为了能够'创造历史'，必须能够生活。但是为了生活，首先就需要衣、食、住以及其他东西。因此第一个历史活动就是生产满足这些需要的资料，即生产物质生活本身。"（《德意志意识形态》）

这里还需要说明的是，孟子论述"恒产与恒心"时，特别强调了"士"的作用。孟子对读书明理的

"士"要求很高,认为只有他们才能够做到"无恒产
而有恒心"。这与孔子"士志于道"(《论语·里仁》)、
"君子固穷,小人穷斯滥矣"(《论语·卫灵公》)的思
想是一脉相承的。孔子、孟子对读书人的要求高,自有
他们的理由。因为在中国古代,是"学而优则仕"的传
统和制度,读书人就是国家官员的预备队,将来他们
是要做官的。所以,必须要对他们有严格的要求,让
他们能真正成为老百姓的表率,所谓"君子之德风,
小人之德草。草上风,必偃"(《论语·颜渊》)。这实
际是一种理想化了的要求,在现实之中未必就能完全
做到。可要求必须是严格的,"法乎其上"还"仅得其
中",因此这是读书人应该努力去做的方向,至少"虽
不能至,心向往之"。但反过来,我们还应该指出,孟
子对读书人或曰知识分子的要求,只是作为特殊情况
和相比较而言的;反之,他说的老百姓"无恒产则无
恒心",却只是从一般情况来说的。这一点必须要加
以分清,否则容易引起误解。因为,有些知识分子也
有可能是"无恒产则无恒心"的(现在可是不少啊),
而有些老百姓也有可能做到"无恒产而有恒心",这
都是相对而言的,不能一概而论,更不能绝对化。

转谈一下"滕文公问为国"和"毕战问井地"中有
关上古教育制度和土地制度问题。

一般认为,我国上古时代的教育制度是"王官之
学",即官学。但夏朝和殷朝的学校我们知道的实在
不多,比较清楚的学校制度多从周朝讲起。周朝设在
各地的"乡校"孟子称作"庠",但《汉书·儒林传》中
却称作"序",那只是属于供普通贵族子弟就学的。
周朝还有一种较高级的"国学",设在王都或诸侯国

的都城内。设在王都的叫"辟雍",设在诸侯国都城内的叫"泮宫",它们是供大贵族子弟学习的地方。此外,一说前者的性质属于"小学",而后者属于"大学"。当时贵族子弟所学的是"六艺",即"礼、乐、射、御、书、数"。它们属于"小学"的内容,即基础教育。其中"书"即文字,"数"即计数,这是学习文化的基础知识;"礼"和"乐"是包括当时贵族从事政治活动与宗教活动的基础知识;"射"和"御"则是关于战争活动的基本技能。"小学"的"六艺"主要是对贵族子弟进行知识和技艺的必要教育和训练,培养能文能武的初级人材。至于"大学"的内容,基本课程一开始有诗、书、礼、乐"四术"。与"小学"相比,"诗"是新设的课程;"书"不再仅是孩子所学的"六书"造字原则,而是读训典之类(历史文献);"礼"与"乐"也不仅是礼仪、音乐,而且还要学习理论。后来,又陆续加进了《易》和《春秋》(泛指历史)二门课。所以,"大学"课程合计也是六门(各诸侯国并不统一),因其沿用"小学"的"六艺"之名,遂有"六艺"之称,这"大学"的"六艺",据说就是后来儒家经典中"六经"的最初源头。当然,学者对以上说法的观点是很不一致的。

至于井田制的问题就更大了。一般认为我国上古实行的是井田制度,但井田制究竟是怎样的?按孟子的说法:每一里见方的土地为一个井田,一个井田共有九百亩,中间百亩是公田,八家各耕一百亩为私田,八家须共同耕种好公田;公田里的活完了,然后才敢去干私田的活,这样做就是为了使老百姓("野人")跟官吏("君子")有所区别。此外孟子还说,每个乡同耕一井之田，平日出入互相友爱，"守望相助"即防守盗贼互助互帮，一家有病人大家照顾，埋葬或搬家都不用走出乡里，那百姓之间便真正友爱团结了。但孟子也说这只是井田制的"大略"情况，即他那个时代实际上是不存在的。不管怎样，孟子的这段话可说是有关上古井田制现存最详细、最重要的文字了，任何研究中国上古土地制度、税赋制度者，少不了都会引用孟子本章的论述。

3. 仁者无敌

本节第一段讲"仁政"源自于先王的"不忍人之心"，这是"仁政"能够成立的原因。

第二段是孟子与梁惠王的最后一次谈话，其中点出了"仁者无敌"的主题。讲评中细说。

第三段，讲天下政治清明时与黑暗时的对比，既有天意，但还需"仁政"，因为"仁者无敌"。

第四段，讲孟子见梁襄王。孟子的运气不好，当他劝说梁惠王有了点成效，可进一步发挥时，惠王却偏偏死了。接班人襄王给孟子的第一感觉就极差。这个"不似人君"的新君，连他父亲称一声"叟"的礼貌都不讲，就没头没脑地冒出了一句"怎么定天下"的问话。但不管怎样，孟子还是认真回答了问题，这大概是孟子在魏国所做的最后努力。值得注意的是此章中的"定于一"。这个"一"历代注家的说法不同：赵岐认为，"孟子谓仁政为一也"。朱熹则认为，"孟子对以必合于一，然后定也"。焦循基本同意赵岐的说法，但又补充说："孔子作《春秋》，书'王正月'，《公羊传》云：'大一统也。'孟子当亦谓此。"后来的注解者较多采用"统一"的意思。由于古文简练，对这个"一"的理解确实颇难，各家的解释都有理由。从孟子与梁襄王的全部对话来看，"定于一"的意思比较浑沦，可以是一个主张、一个原则、一个国家或一个人等。可能是孟子对襄王没有礼貌的发问不满，存心说得玄一点，让他费心去猜。没想到襄王马上联想到某个人身上，于是急着问是谁？孟子只能顺势而言，答以"不嗜杀人者"。这仅是就当时战乱而言的。"不嗜杀人"是"仁政"最起码要做到的，但决不是"仁政"的核心内容。能行"仁政"者肯定"不嗜杀人"，但"不嗜杀人者"不一定能行"仁政"。因为梁襄王实在"不似人君"，比他父亲还差一大截，孟子只能告诉他最浅显的道理，至于"仁政"的具体内容就不谈了。孟子尝言："不仁而可与言，则何亡国败家之

241

有?"

第五段,齐宣王不愿明讲自己的"大欲",孟子实际上很清楚,但还是绕了个圈子,先从物质、声色等最常见的享受欲望说起,让宣王自己否定它们,然后再去挑明他真正的心思。这是一种较高明的进言或劝说的技巧,因为孟子不想让宣王太难堪,所以不一下子点穿,而是用排他法,排除了通常的人的欲望后再进入要说的主题,这样说下去就显得很顺,而主题就是"仁者无敌"。

第六段,说"王霸之辨"。"王霸之辨"是孟子政治思想的重要组成部分。孟子一贯主张王道政治,反对霸道政治;强调以"仁政"治天下,"以德服人"、"以德治国";反对"以力服人",以军事和战争手段来达到统一天下的目的。他对梁惠王、齐宣王的许多劝说,实际都与此有关。

第七段,还是围绕着孟子一贯的政治主张展开的,如前面孟子与梁惠王论"仁者无敌"、与齐宣王讨论"大欲"等的内容,基本上都与之一致。这里,孟子提出了"天吏"概念,按传统注家的观点,"天吏"就是"天使"的意思。

第八段,又说"王霸之辨"。在"霸道"政治下,由于明显地看到君主的惠泽,因而百姓感恩戴德,欢喜快乐;而在"王道"政治下,百姓身受德泽而不自觉,因而怡然自得,也不必去酬谢谁。就孟子言,他的理想是"王道",所以他充分肯定了"王道"的广大深远。孟子关于"王道"、"霸道"的辨析,以后被儒家不断引申,后世有所谓"王霸之辨",其源盖出于此。

第九段,讨论国君如何用人,兼及如何处罚问题。在用人上,诸子的观点并不相同,道家主张"不尚贤",而儒家与墨家却都主张"尚贤",尽管对"贤"的标准有理解上的不同。孟子的观点,实际上是对孔子关于"众恶之,必察焉;众好之,必察焉"(《论语·卫灵公》)思想的展开。概括孟子思想的要点是,慎重再慎重;而方法则不外二点,一是多听意见不轻信,二是多做调查研究。孟子特别强调了大多数民众的作用,如今谚所谓"群众眼睛是雪亮的",群众的意见是展开调查研究的出发点。

第十段，齐人伐燕，由于燕国出现因王位问题而引发的内乱。公元前
315年，燕王子哙把王位让给了国相子之，燕人不服，发生内乱。齐国趁
机攻打燕国，燕人几乎没有什么抵抗，齐国大获全胜，于是就有了宣王问
孟子要不要吞并的一幕。这里，孟子的回答是既不肯定，也不否定，只是
强调了燕国民众的态度如何是吞并与否的关键所在，这符合他一贯的主
张。但据《公孙丑下》第八章载，孟子私下里与沈同说时，又同意伐燕，
只是不同意齐伐燕罢了。据司马迁《史记·燕召公世家》记，孟子是支持
齐王伐燕的，说："今伐燕，此文、武之时，不可失也。"这些文献记载上
的矛盾，已颇难理清，我们只能就文本本身而论了。

第十一段，齐宣王没听孟子的话，还是吞并了燕国。这就对当时其
他各国产生了威胁，自然引起诸侯们的不满，他们计划联合起来对付齐
国。宣王问孟子如何应对，孟子对他讲了商汤的故事，即如何才能行征伐
的道理。在孟子看来，燕王无道，是该伐，但你齐王只是想吞并燕国，却
没有善待燕国的百姓，这是根本不行的。现在既然已经引起各诸侯国借
机要向齐国动武，赶快补救的话还来得及。可惜宣王并没有听进去，最
终导致"燕人畔(叛)"。

第十二、十三段意思差不多。滕国是周文王之子叔绣的封国，十分弱
小，曾被越国吞并过，不久复国。当时，滕国东北面与强大的齐国毗邻，
南面与强大的楚国接壤，在战国那个弱肉强食的时代，正可谓是在夹缝
中求生存。滕文公与孟子的关系不错，当他还没继位时就与孟子有过交
往。所以，当滕文公继位后，孟子有游滕和居滕的经历，这次对话大概就
是此时进行的。滕文公的问题确实是个难题，孟子也无法解决，但孟子
有自己的原则。

第十四段，说不仁者或侥幸可得到一个诸侯国，但想得到整个天下
是不可能的，因为不仁者不可能得到天下的民心。

第十五段，薛本是周初一个任姓的小国，故城在今山东滕县东南。
春秋初还是一个独立国家，不知何时被齐国灭了，当时已成为齐国孟尝
君的封地。齐人在薛地修筑城池，目的显然是威胁滕国，所以滕文公很

担心。孟子认为：齐强滕弱是明摆着的，唯一的出路还是努力施行"仁政"。

第十六段论治国之道。孟子在这里提出几点看法：一，治理国家必须效法尧舜这样的圣君，他们的治国方法如同规矩之于工匠、音律之于乐师，是不可或缺的；二，光有善心，光能明先王之道还不行，还必须认真地去施行；三，要保证先王之道的施行，就必须任用贤者，让仁人在位；四，军事、经济的强大与否对一个国家而言不是最关键的，最关键的是礼义、教化和先王之道；五，人臣之道在于能劝君王知难而上行善政，向君王陈说仁义而批判邪说，不作这种努力的臣下就等于在"贼害"自己的国君。

第十七段说国运关乎人事，人事莫大于行仁，否则自身难保，不遑论天下。

先王有不忍人之心，斯有不忍人之政矣。以不忍人之心，行不忍人之政，治天下可运之掌上。

——《公孙丑上》

梁惠王曰："晋国①，天下莫强焉，叟之所知也。及寡人之身，东败于齐，长子死焉②；西丧地于秦七百里③；南辱于楚④。寡人耻之，愿比死者一洒之⑤。如之何则可？"

孟子对曰："地方百里而可以王。王如施仁政于民，省刑罚，薄税敛，深耕易耨⑥；壮者以暇日修其孝弟忠信，入以事其父兄，出以事其长上，可使制梃以挞秦楚之坚甲利兵矣⑦。彼夺其民时，使不得耕耨以养其父母，父母冻饿，兄弟妻子离散。彼陷溺其民⑧，王往而征之，夫谁与王敌？故曰仁者无敌。王请勿疑！"

——《梁惠王上》

---

① 晋国：指魏国。

② 东败于齐，长子死焉：魏、齐马陵之战，魏军惨败，太子申被俘杀。

③ 西丧地于秦七百里：马陵之战后，魏又屡败于秦，被迫割河西之地及上郡十五县求和。

④ 南辱于楚：惠王后元十一年，楚败魏于襄陵，取八邑。

⑤ 比：替。一：全部。洒：洗雪。

⑥ 易耨：耘田除草。

⑦ 制：通掣，提。

⑧ 陷溺：坑害。

孟子曰："天下有道，小德役大德①，小贤役大贤；天下无道，小役大，弱役强。斯二者，天也。顺天者存，逆天者亡。齐景公曰：'既不能令，又不受命，是绝物也。'涕出而女于吴②。今也小国师大国而耻受命焉，是犹弟子而耻受命于先师也。如耻之，莫若师文王。师文王，大国五年，小国七年，必为政于天下矣。《诗》云：'商之孙子，其丽不亿。上帝既命，侯于周服。侯服于周，天命靡常。殷士肤敏，裸将于京③。'孔子曰：'仁不可为众也④。夫国君好仁，天下无敌。'今也欲无敌于天下而不以仁，是犹执热而不以濯也⑤。《诗》云：'谁能执热，逝不以濯⑥？'"

——《离娄上》

① 役：役于。
② 涕出而女于吴：《吴越春秋·阖闾内传》载吴王阖闾要攻打齐国，齐景公只得将女儿作为人质嫁到吴国。女，嫁。
③ 《诗》：《诗经·大雅·文王》。丽：数。不亿：不止十万。古以十万为亿。肤敏：美丽而敏捷。裸：通灌，一种祭祀的仪式，把郁鬯酒倒在地上迎接鬼神。
④ 仁不可为众也：仁不能根据人数多少来衡量。
⑤ 执热：耐热。执，持。濯：洗澡。
⑥ 《诗》：《诗经·大雅·桑柔》。

　　孟子见梁襄王①，出，语人曰："望之不似人君，就之而不见所畏焉②。卒然问曰③：'天下恶乎定？'吾对曰：'定于一。''孰能一之？'对曰：'不嗜杀人者能一之。''孰能与之④？'对曰：'天下莫不与也。王知夫苗乎？七八月之间旱⑤，则苗槁矣。天油然作云，沛然下雨，则苗浡然兴之矣⑥。其如是，孰能御之？今夫天下之人牧⑦，未有不嗜杀人者也。如有不嗜杀人者，则天下之民皆引领而望之矣⑧。诚如是也，民归之，由水之就下⑨，沛然谁能御之？'"

——《梁惠王上》

① 梁襄王：惠王之子。
② 就：靠近。
③ 卒然：突然。
④ 与：归顺。
⑤ 七八月：这是周历，相当于夏历五六月。
⑥ 浡然兴之：蓬勃生长。
⑦ 人牧：人君。
⑧ 引领：伸长脖子。
⑨ 由：通犹。

（孟子）曰："王之所大欲，可得闻与？"

（齐宣）王笑而不言。

曰："为肥甘不足于口与？轻煖不足于体与①？抑为采色不足视于目与？声音不足听于耳与？便嬖不足使令于前与②？王之诸臣，皆足以供之，而王岂为是哉？"

曰："否，吾不为是也。"

曰："然则王之所大欲可知已，欲辟土地，朝秦楚，莅中国而抚四夷也。以若所为，求若所欲，犹缘木而求鱼也③。"

王曰："若是其甚与？"

曰："殆有甚焉！缘木求鱼，虽不得鱼，无后灾。以若所为，求若所欲，尽心力而为之，后必有灾。"

曰："可得闻与？"

曰："邹人与楚人战，则王以为孰胜？"

曰："楚人胜。"

曰："然则小固不可以敌大，寡固不可以敌众，弱固不可以敌强。海内之地，方千里者九，齐集有其一。以一服八，何以异于邹敌楚哉？盖亦反其本矣④。今王发政施仁，使天下仕者皆欲立于王之朝，耕者皆欲耕于王之野，商贾皆欲藏于王之市，行旅皆欲出于王之涂，天下之欲疾其君者，皆欲赴愬于王⑤。其若是，孰能御之？"

——《梁惠王上》

---

① 轻煖：轻暖的衣服。

② 便嬖：左右受宠之人。

③ 缘木：爬树。

④ 盖：通盍，何不。反其本：回到根本。

⑤ 愬：通诉，诉苦。

孟子曰："以力假仁者霸①，霸必有大国。以德行仁者王②，王不待大，汤以七十里，文王以百里。以力服人者，非心服也，力不赡也③。以德服人者，中心悦而诚服也，如七十子之服孔子也④。《诗》云⑤：'自西自东，自南自北，无思不服。' 此之谓也。"

——《公孙丑上》

① 假：假借。霸：称霸。
② 王：称王。
③ 赡：足。
④ 七十子：泛指孔子门下身通六艺的弟子。
⑤ 《诗》：《诗经·大雅·文王有声》。

　　孟子曰："尊贤使能，俊杰在位，则天下之士皆悦，而愿立于其朝矣。市，廛而不征①，法而不廛②，则天下之商皆悦，而愿藏于其市矣。关，讥而不征，则天下之旅皆悦，而愿出于其路矣。耕者，助而不税③，则天下之农皆悦，而愿耕于其野矣。廛，无夫里之布④，则天下之民皆悦，而愿为之氓矣⑤。信能行此五者，则邻国之民，仰之若父母矣。率其子弟，攻其父母，自有生民以来，未有能济者也。如此，则无敌于天下。无敌于天下者，天吏也。然而不王者，未之有也。"

——《公孙丑上》

① 廛而不征：提供货栈而不征租税。廛，货栈。
② 法而不廛：依法定价格收购滞销货物。
③ 助：助耕公田。
④ 廛：民居。无夫里之布：没有夫布里布之类的苛捐杂税。夫布，雇役钱；里布，地税。
⑤ 氓：从别处迁来的百姓。

　　孟子曰："霸者之民，驩虞如也①；王者之民，皞皞如也②。杀之而不怨，利之而不庸③，民日迁善不知为之者。夫君子所过者化，所存者神，上下与天地同流，岂曰小补之哉？"

——《尽心上》

① 驩虞：欢娱。
② 皞皞：浩浩，广大自得的样子。
③ 庸：功，酬劳。

　　孟子见齐宣王曰："所谓故国者①，非谓有乔木之谓也②，有世臣之谓也③。王无亲臣矣，昔者所进，今日不知其亡也④。"

　　王曰："吾何以识其不才而舍之？"

　　曰："国君进贤，如不得已，将使卑逾尊，疏逾戚，可不慎与？左右皆曰贤，未可也；诸大夫皆曰贤，未可也；国人皆曰贤，然后察之；见贤焉，然后用之。左右皆曰不可，勿听；诸大夫皆曰不可，勿听；国人皆曰不可，然后察之；见不可焉，然后去之。左右皆曰可杀，勿听；诸大夫皆曰可杀，勿听；国人皆曰可杀，然后察之；见可杀焉，然后杀之。故曰国人杀之也。如此，然后可以为民父母。"

——《梁惠王下》

① 故国：历史悠久之国。
② 乔木：年代久远的高大树木。
③ 世臣：世家大臣。
④ 亡：去职。

　　齐人伐燕①，胜之。宣王问曰："或谓寡人勿取，或谓寡人取之。以万乘之国伐万乘之国，五旬而举之②，人力不至于此③。不取，必有天殃。取之何如？"

　　孟子对曰："取之而燕民悦，则取之。古之人有行之者，武王是也④。取之而燕民不悦，则勿取。古之人有行之者，文王是也⑤。以万乘之国伐万乘之国，箪食壶浆以迎王师⑥，岂有他哉？避水火也。如水益深，如火益热，亦运而已矣⑦。"

——《梁惠王下》

① 齐人伐燕：齐宣王五年（公元前315年），燕王哙把王位让给相国子之，由此发生内乱，齐国趁机出兵伐燕，很快取得胜利。
② 举之：攻下。
③ 人力不至于此：指齐师速胜，不是光凭人力，而是合乎天意。
④ 武王是也：孟子认为周武王取商而商民悦。
⑤ 文王是也：孟子认为周文王欲取商，恐商民不服，故暂时不取。
⑥ 箪食壶浆：用筐盛着饭，用壶盛着酒。
⑦ 运：转，指更换统治者。

      齐人伐燕，取之。诸侯将谋救燕。

      宣王曰："诸侯多谋伐寡人，何以待之？"

      孟子对曰："臣闻七十里为政于天下者，汤是也。未闻以千里畏人者也。《书》曰：'汤一征，自葛始①。'天下信之，东面而征西夷怨；南面而征北狄怨，曰：'奚为后我②？'民望之，若大旱之望云霓也③。归市者不止④，耕者不变，诛其君而吊其民⑤，若时雨降，民大悦。《书》曰：'徯我后，后来其苏⑥。'今燕虐其民，王往而征之，民以为将拯己于水火之中也，箪食壶浆以迎王师。若杀其父兄，系累其子弟⑦，毁其宗庙，迁其重器，如之何其可也？天下固畏齐之强也，今又倍地而不行仁政，是动天下之兵也。王速出令，反其旄倪⑧，止其重器，谋于燕众，置君而后去之，则犹可及止也。"

——《梁惠王下》

---

① 《书》：《尚书》逸篇，下同。一征：初征。葛：古国名。
② 奚为：为何。
③ 霓：虹霓，下雨的先兆。
④ 归市：赶集。
⑤ 吊：慰问。
⑥ 徯：等待。后：王。苏：得救。
⑦ 系累：捆绑。
⑧ 旄倪：老人小孩。旄通耄；倪通儿。

滕文公问曰①："滕，小国也，间于齐、楚。事齐乎？事楚乎？"

孟子对曰："是谋，非吾所能及也。无已，则有一焉：凿斯池②也，筑斯城也，与民守之，效死而民弗去③，则是可为也。"

——《梁惠王下》

① 滕：国名，故城在今山东滕县西南。
② 池：护城河。
③ 效死：献出生命。

滕文公问曰："滕，小国也；竭力以事大国，则不得免焉，如之何则可？"

孟子对曰："昔者大王居邠，狄人侵之。事之以皮币①，不得免

滕国遗址

焉；事之以犬马，不得免焉；事之以珠玉，不得免焉。乃属其耆老而告之曰②：'狄人之所欲者，吾土地也。吾闻之也：君子不以其所以养人者害人。二三子何患乎无君③？我将去之。'去邠，逾梁山，邑于岐山之下居焉。邠人曰：'仁人也，不可失也。'从之者如归市。或曰：'世守也④，非身之所能为也。效死勿去。'君请择于斯二者。"

——《梁惠王下》

---

① 皮币：皮，毛皮；币，丝帛。
② 属：召集。
③ 二三子：诸位。
④ 世守：世代保守。

孟子曰："不仁而得国者，有之矣；不仁而得天下者，未之有也。"

——《尽心下》

滕文公问曰："齐人将筑薛①，吾甚恐，如之何则可？"

孟子对曰："昔者大王居邠②，狄人侵之③，去之岐山之下居焉。非择而取之，不得已也。苟为善，后世子孙必有王者矣。君子创业垂统④，为可继也。若夫成功⑤，则天也。君如彼何哉？强为善而已矣⑥。"

——《梁惠王下》

---

① 筑薛：齐国在薛地筑城墙。薛，本为周初小国，后为齐国所灭，故城在今山东滕县东南。
② 邠：通豳，在今陕西彬县一带。
③ 狄人：即熏鬻，北方少数民族。
④ 垂统：传代。
⑤ 若夫：至于。
⑥ 强：努力。

孟子曰："离娄之明，公输子之巧，不以规矩，不能成方员①；

师旷之聪，不以六律，不能正五音②；尧舜之道，不以仁政，不能平治天下。今有仁心仁闻，而民不被其泽，不可法于后世者，不行先王之道也。故曰：徒善不足以为政，徒法不能以自行。《诗》云：'不愆不忘，率由旧章③。'遵先王之法而过者，未之有也。圣人既竭目力焉，继之以规矩准绳，以为方员平直，不可胜用也；既竭耳力焉，继之以六律正五音，不可胜用也；既竭心思焉，继之以不忍人之政，而仁覆天下矣。故曰：为高必因丘陵，为下必因川泽，为政不因先王之道，可谓智乎？是以惟仁者宜在高位。不仁而在高位，是播其恶于众也。上无道揆也④，下无法守也，朝不信道，工不信度⑤，君子犯义⑥，小人犯刑，国之所存者幸也。故曰：城郭不完⑦，兵甲不多，非国之灾也；田野不辟，货财不聚，非国之害也。上无礼，下无学，贼民兴，丧无日矣。《诗》曰：'天之方蹶，无然泄泄⑧！'泄泄，犹沓沓也⑨。事君无义，进退无礼，言则非先王之道者，犹沓沓也。故曰：责难于君谓之恭，陈善闭邪谓之敬，吾君不能谓之贼。"

——《离娄上》

四马战车图

① 离娄：或作离朱，相传为黄帝时人，视力极佳，能于百步之外见秋毫之
　末。公输子：名般（一作班），春秋末鲁国巧匠，所以又叫鲁班。规矩：圆
　规、曲尺。方员：方圆。
② 师旷：晋平公时的著名乐师。聪：听力。六律：指阳律六，分别是太簇、姑
　洗、蕤宾、夷则、无射、黄钟。另有阴吕六：大吕、应钟、南吕、函钟、小
　吕、夹钟，合称律吕或十二律。相传黄帝时伶伦截竹为筒，以筒的长短区
　别声音的清浊高下，乐器之音以此为标准。五音：宫、商、角、徵、羽五个
　音阶。
③ 《诗》：《诗经·大雅·假乐》。愆：过。率：循。
④ 揆：度，准则。
⑤ 度：尺度。
⑥ 君子：指当官的人。
⑦ 完：牢固。
⑧ 《诗》：《诗经·大雅·板》。蹶：震动。泄泄：喋喋不休。
⑨ 沓沓：罗嗦的样子。

　　孟子曰："三代之得天下以仁，其失天下也以不仁。国之所以废
兴存亡者亦然。天子不仁，不保四海；诸侯不仁，不保社稷；卿大夫
不仁，不保宗庙；士、庶人不仁，不保四体①。今恶死亡而乐不仁，
是犹恶醉而强酒。"

——《离娄上》

① 四体：四肢。

　　　　　　从孟子与梁惠王的最后那次谈话说起。
　　　　　　孟子初到魏国时，惠王并不怎么在意，态度也不
　　　　　够尊敬。但惠王自有一本难念的经。孟子通过数次谈
　　　　　话逐渐打动了梁惠王，使惠王开始能虚心求教了。当
　　　　　双方关系调整得不错时，惠王也就向孟子老实地坦白
　　　　　了自己的心事。魏国本是春秋末年从"三家分晋"而
　　　　　来的，惠王之祖魏文侯、父魏武侯，在文治武功方面

都颇有些建树,使魏国成为当时的主要强国即所谓的
"战国七雄"之一。惠王即位以后,开始干得还算可
以,他曾经打败过韩、赵、宋诸国,曾迫使鲁、宋、卫、
韩诸国来朝拜魏国,也与秦国达成短暂的和平,又自
称为"王",还领率诸侯"逢泽之会"朝见周天子等。
但到了他统治的中后期,形势却每下愈况:与东面的
齐国交战惨败,太子和大将被杀;与西面的秦国交战
屡败,被割去了不少土地;与南面的楚国交战又败,
土地亦被割去。他急于想使魏国强大起来,重振雄
风,报仇血恨。所以,他还是要向孟子问怎么办的问
题。

这次孟子就不再与以前一样先用话来套惠王,然
后狠狠地批评他一通,而是直接就回答他所关心的
使国家强盛起来的问题。孟子的主张就是"施仁政于
民"。这是孟子书中第一次出现的"仁政"这个概念。
就"仁政"的内容来看,实际与其他地方所提的"王
道"是一脉相承的。孟子在这里只是更具体化了一
点,谈到了政治上要减轻刑罚,经济上要轻徭薄赋,
要鼓励民众认真耕作,这是让民众的衣食生计能得
到保证;然后加强对民众的道德教育,让他们在家能
孝亲,出外能尊上,同心同德。如果这样的话,即使是
一个地方百里的小国,即使武器装备都很差,也完全
可以战胜秦、楚这样的强国。在孟子看来,由于那些
国家不行"仁政",老百姓活得很苦;所以你惠王如
能施行"仁政"的话,然后再去讨伐这些国家,它们
就根本无法能与你相匹敌,因为仁者是天下无敌的。

必须承认,孟子的想法虽然在道理上说都是对
的,但理有固然,势无必至,所以在当时的情况下很

难行得通。我们知道，儒家历来有"知其不可为而为之"的情怀和意志，孟子对当时的社会现实不可能不清楚，但他还是要这么说。所以，这只能认为是孟子在坚持自己的一贯信念。

还应该指出的是，孟子在坚持儒家立场的同时，又是有所变化损益的。孔子时代，儒家的政治理想是以"礼"治国，以仁释"礼"并维护"礼"。但到孟子所处的时代，周礼早已被破坏殆尽。面对改变了的社会状况，孟子并没有一味守旧，更没有全盘照搬照抄孔子的思想，而是提出了自己新的政治理想，"仁政"正是他提出来的新观念。我们看到，在"仁政"思想中，"礼"的重要性明显下降了。因此，尽管可以说孟子的"仁政"思想仍不乏浓重的理想色彩，但较之孔子的政治理想，那还是进了一大步。

所谓"理想色彩"，是指孟子只愿根据自己认定的信念去言、去行，有时是很无奈的，但无奈还得坚持。如本节第三段中，孟子认为，当天下政治清明的时候，一切都是按着常规行事的，即道德好的役使道德差的，贤明的役使不贤明的。而当天下政治黑暗的时候，那就纯粹以势力的大小和力量的强弱来办事了。这些都可以说是天意使然，因此是不能违背的。但是，孟子要强调的是，天意也不是不能改变的。如弱小的周国却能战胜强大的殷朝，这就说明只要国君能够施行仁政、修饰德教的话，那么，"天命"是可以转移的。又如孟子对滕文公提出的那些难题，他也没有办法解决。但孟子的原则是，不能寄希望于外交手段上的走钢丝，对滕这样在两强环视下的弱小国家，唯一可行的也只能是争取民心，自力更生，加强战备,宁为玉碎,不为瓦全,誓与国家共存亡。这就是没有办法的办法。齐人在薛地修筑城池,目的显然是威胁滕国,滕文公很担心。孟子认为:齐强滕弱是明摆着的,因此你就是知道齐国的意图,又能怎么办呢?唯一的出路还是努力施行"仁政",自强自立,尽自己所能做的先做好它,至于以后怎样,只能看天意了。这都是很无奈的说法,强权时代的国际关系就是如此,古今中外概莫能外,今天又何尝不是如此呢?

这让我想到了老子,他对黑暗的现实不满,于是描绘出了一个神话般世界:"小国寡民,使有什伯之器而不用;使民重死而不远徙;虽有舟舆,无所乘之;虽有甲兵,无所陈之。使人复结绳而用之。甘其食,美其服,安其居,乐其俗。邻国相望,鸡犬之声相闻,民至老死不相往来。"(《老子·第八十章》)这还让我想起了庄子,他在现世看不到希望,便幻想出了那么一个"至德之世"——"至德之世,不尚贤,不使能,上如标枝,民如野鹿,端正而不知以为义,相爱而不知以为仁,实而不知以为忠,当而不知以为信,蠢动而相使不以为赐。是故行而无迹,事而无传。"(《庄子·天地》)你看,老子和庄子是何其浪漫,又何其认真,"满纸荒唐言"的背后当然也是对于自由的渴望,对于美好的追求。

回到孟子,同是返本,他不如老、庄那么彻底;同是做梦,他不如老、庄那么浪漫,这是材性使然,无可厚非。但你不得不佩服他老人家的猛志和毅力,那么一以贯之地坚持"王道仁政"的理想,要用道德规矩的天性唤醒世人,尤其是统治者,劝他们放下屠刀(那时还不知有"佛")。然而很不幸,没有人理会他的主张,仁义仁义,奈天下滔滔者何? 长沮、桀溺的话不是没有道理,孔、孟岂会不知道,那为何不隐呢? 请看孔子的话:"鸟兽不可与同群,吾非斯人之徒与而谁与? 天下有道,丘不与易也。"(《论语·微子》)人是社会动物,是"一切社会关系的总和"(马克思语),天网恢恢,疏而不漏,逃也逃不掉。孔、孟不逍遥,老、庄又何尝逍遥过?

图书在版编目（CIP）数据

《孟子》绎坪／张洪兴撰．—上海：上海古籍出版社，
2011.12（2013.4重印）
（中国古代文史经典读本）
ISBN 978-7-5325-5962-6

I.①孟… II.①张… III.①《孟子》—注释
IV.①B222.52

中国版本图书馆 CIP 数据核字（2011）第 125142 号

中国古代文史经典读本

《孟子》绎坪

张洪兴 撰

上海世纪出版股份有限公司 出版
上海古籍出版社
（上海瑞金二路 272 号　邮政编码 200020）
（1）网址：www.guji.com.cn
（2）E-mail:guji1@guji.com.cn
（3）易文网网址：www.ewen.cc
上海世纪出版股份有限公司发行中心发行经销
常熟新骅印刷有限公司印刷
开本 635×965　1/16　印张 17.25　插页 1　字数 199,000
2011 年 12 月第 1 版　2013 年 4 月第 3 次印刷
印数：7,601—9,900
ISBN 978-7-5325-5962-6
B·737　定价：29.00元
如有质量问题，请与承印公司联系